Friedrich Wallbrecht

Rufe nach zeitgemäß ökumenischer Reformation

Friedrich Wallbrecht

Rufe nach zeitgemäß ökumenischer Reformation

kirchlich - kreativ - kritisch

Fromm Verlag

Impressum/Imprint (nur für Deutschland/ only for Germany)
Bibliografische Information der Deutschen Nationalbibliothek: Die Deutsche Nationalbibliothek verzeichnet diese Publikation in der Deutschen Nationalbibliografie; detaillierte bibliografische Daten sind im Internet über http://dnb.d-nb.de abrufbar.

Coverbild: www.ingimage.com

Contact:
International Book Market Service Ltd., 17 Rue Meldrum, Beau Bassin, 1713-01 Mauritius
Website: www.bookmarketservice.com
Email: info@bookmarketservice.com

Gedruckt in: USA, UK, Deutschland. Dieses Buch wurde nicht in Mauritius produziert.

Imprint (only for USA, GB)
Bibliographic information published by the Deutsche Nationalbibliothek: The Deutsche Nationalbibliothek lists this publication in the Deutsche Nationalbibliografie; detailed bibliographic data are available in the Internet at http://dnb.d-nb.de.

Cover image: www.ingimage.com

Contact:
International Book Market Service Ltd., 17 Rue Meldrum, Beau Bassin, 1713-01 Mauritius
Website: www.bookmarketservice.com
Email: info@bookmarketservice.com

Printed in: U.S.A., U.K., Germany. This book was not produced in Mauritius.

ISBN: 978-3-8416-0293-0

Rufe nach zeitgemäß ökumenischer Reformation

Inhalt

1. Programmatische Sätze

2. Kurze Gedankenanstöße

1. Programmatische Sätze

Auftrag an die Kirchen im 21. Jahrhundert

(Jena in der Stadtkirche St. Michael am 27. 09. 2000)

Hört auf, noch länger vom baldigen Kommen Christi zu reden, nach all den Jahrhunderten, 2000 Jahre nach Christi Geburt. Es war ja eine Kinderkrankheit eures jungen Glaubens, jene Weltuntergangsstimmung der Antike zu teilen. Werdet endlich erwachsen und fühlt euch mitverantwortlich für das Überleben der Menschheit auf der ausgebeuteten Erde, für das Aufleben der Völker endlich in menschenwürdiger Gerechtigkeit.

Hört auf, eure Wahrheiten für das einzig Wahre zu halten, nach all den Kreuzzügen und selbstherrlichen Missionen, nach all den Inquisitionen und Glaubenskriegen, nach all den Lehrstreitigkeiten und Kirchenspaltungen. Es war ja doch nur halbstark und pubertär, wie ihr euch aufgeführt habt im Gerede und Gerangel gegen alles Fremde und Unverständliche.

Werdet endlich erwachsen und bringt Verständnis auf für ein christliches Miteinander in Unterschieden und Vielfältigkeit. Benehmt euch untereinander als Kirchen geschwisterlich und führt euch nicht auf wie Lehrmeister oder gar Aufseher. Bewundert andere Religionen eher als dass ihr sie begutachtet. Begegnet ihnen mit Ehrfurcht und Staunen, auch wenn ihr sie nicht begreift und für euch wenig an ihnen findet.

Hört auf, euch als Richter von Menschen aufzuspielen, als ob von euch Gnade oder Ungnade abhinge oder gar Himmel oder Hölle. Werdet endlich menschlich zu allen Menschen. An euch ist es, Segen zu entdecken in Gaben und Aufgaben, zum Segen zu werden für die Bedürftigen, seien sie nun arm oder reich, mächtig oder machtlos.

Gebt denen, die euch verstehen, Klarheit für ein verständiges Gewissen. Gebt denen, die euch aufsuchen, eine Herberge für ihre unsichere Seele. Gebt denen, die euch unterstützen, das Gefühl, am größeren Werk Gottes mitzuwirken, Gebt denen, die mit euch leben, die Gewissheit, Anteil zu haben am Geheimnis des Glaubens und am Wunder des Lebens auf ewig.

Weiter zu einem Ökumenischen Konzil

(im November 2011)

Der Malerpfarrer Sieger Köder hat das unchristliche Gerangel der christlichen Kirchen und Gruppen um das Erbe von Jesus ins Bild gesetzt (Kirche St. Stephanus zu Wasseralfingen). In der Bildabfolge des Kreuzweges erinnert die 10. Station daran, dass Jesus seiner Kleider beraubt wird.

In der damaligen Leidensgeschichte waren es heidnische Henker, die sich brutal am letzten Hemd der Verurteilten bereichert hatten. In der gegenwärtigen Kirchengeschichte aber sind es christliche Amtsträger der verschiedenen Konfessionen und Gruppen, die sich selbstgefällig als die einzig wahren Erben von Jesus aufführen. So versuchen sie, die Traditionen von Jesus an sich zu reißen. Damit zerreißen sie die irdische Hinterlassenschaft von Jesus, bereiten Jesus Schande und machen sich selbst unglaubwürdig.

Geht es auch anders, besser?

Die unterschiedliche Kleidung der Konfessionen, die unterschiedlichen Gestaltungen von Gedanken und Gefühlen, von Gebäuden, Gottesdiensten und Gemeindeordnungen sind nicht das Ärgerliche. Der Skandal, ja das Frevelhafte gegenüber dem Geist von Jesus ist der Alleinvertretungsanspruch. Dabei halten sie alle für sich doch nur ein Stück in der Hand und besitzen das Ganze nur gemeinsam miteinander.

Diese natürliche Einheit braucht einen sinnfälligen Ausdruck. Fromme Wünsche und feierliche Glaubenshoffnungen genügen nicht. Eine sichtbare Umgangsform miteinander muss her, die mehr ist als wohlmeinende Worte und freundliche Begegnungen. Die Alte Kirche zählte einmal sieben ökumenische Konzilien, freilich nach der damaligen Zeit sehr autoritär und unter kaiserlichem Diktat. Heutzutage darf es nur föderal und demokratisch sein. In den Einzelkirchen und Gemeinschaften wird das synodale Prinzip schon praktiziert. Nun müssten sich die Kirchenleitungen und Konfessionen dem nur fügen und unterordnen. Ökumenische Konzilen würden dann alle sieben Jahre weltweit einberufen und könnten die Einheit der Christenheit darstellen. Die Delegierten wären die gewählten regionalen Vertreter aus den Konfessionen und Gemeinschaften.

In welchem Geist sollten sich die Ökumenischen Konzilien zusammenfinden? Da geht es nicht nur um die Einheit miteinander, sondern um die Glaubwürdigkeit gegenüber den Verhältnissen unserer Welt. Der Malerpfarrer Sieger Köder beschwört dazu den Geist des Franziskus von Assisi (6. Fensterbild in der Heilig-Geist-Kirche zu Ellwangen).

Franziskus tanzt hier mit der Frau Armut. Er verzichtet darauf, nur an sich selbst zu denken, nur für sich selbst zu sorgen und nur für sich (privat) Wohlstand und Wohlergehen zu organisieren. Ihm sind ein kindliches Gottvertrauen und eine fürsorgliche Verantwortung den Bedürftigen und Notleidenden gegenüber wesentlich. Der Mönch links schreibt und studiert nur diesen Heiligen Geist für die Armen. Der Mönch rechts begeistert sich bereits mit Worten und Liedern für diesen Heiligen Geist. Franziskus in der Mitte aber lebt und handelt in diesem Heiligen Geist, persönlich und ganz praktisch. Das ist eine Perspektive für die ökumenische Gemeinschaft, die hoffen lässt.

von Jesus weitere Fortschritte für ökumenisches Verhalten lernen

(im Februar 2008)

Schon Jesus hat es damals schwer gehabt mit den Pharisäern und Schriftgelehrten, mehr noch mit den Rabbinern und Priestern, erst recht mit den Oberpriestern und Vorstehern im Hohen Rat. In verschiedener Weise waren sie religiös selbstbewusst, steigerten sich leicht in Selbstgerechtigkeit hinein, traten dann Andersglaubenden unangenehm selbstherrlich entgegen. Mit ihnen gab es oft Streit. Manche Anfeindung wurde von ihnen gegen Jesus vorgebracht. Jesus dagegen war von Haus aus weitherzig gestimmt. Er bemühte sich besonders, auch Außenseiter und scheinbar hoffnungslos Verlorene in den Glauben und die Gemeinschaft der Neuen Heilsgeschichte Gottes („Reich Gottes") einzubeziehen. *Optimistisch* sieht Jesus die Zukunft der Welt auf das „Reich Gottes" zulaufen. *Integrativ* versteht er die Zukunft der Menschen, die eigentlich alle als „Kinder Gottes" zu diesem beginnenden „Reich Gottes" dazugehören. *Praktisch* spürt er in jeder Begegnung und in jeder Beziehung jenes „Reich Gottes" bereits gegenwärtig liebevoll am Werke. Den Kleinmütigen macht Jesus darum Mut. Den Übermütigen dagegen empfiehlt er mehr Bescheidenheit. Den Kleingläubigen rät er zu mehr Gottvertrauen. Den Strenggläubigen dagegen wünscht er mehr Liebe.

Ökumene im Geist von Jesus wagt es, optimistisch, integrativ und praktisch miteinander umzugehen. Wir werden uns optimistisch gegenseitig nicht die gemeinsame Heilszukunft bei Gott absprechen. Das werden wir integrativ auch gegenüber befremdlichen, ja uns auch unverständlichen Glaubensvorstellungen und Gebräuchen festhalten wollen. Im Geiste von Jesus wirkt die Heilshoffnung aber immer auch praktisch in die Glaubensgegenwart hinein.

In Begegnungen und Beziehungen werden wir gern „so tun, als ob wir schon wären, was wir dereinst sein werden" (Leitformel jesuanischer Ökumene). Liebevolle Gemeinschaft geht immer über unterschiedliche Eigenarten lächelnd hinweg.

Da dürfen miteinander beten, die sich Gott unterschiedlich vorstellen und benennen. Da dürfen miteinander pilgern und wallfahren, die unterschiedlich über Verdienst und Wirkung solcher Übungen denken. Da dürfen miteinander Wort-Gottesdienst halten, die unterschiedlich über das Priesteramt und bischöfliche Lehramt urteilen. Da dürfen

miteinander Eucharistie und Abendmahl feiern, die unterschiedlich über die Gegenwart des auferstandenen Christus und über den Bezug auf sein Leiden und Sterben nachdenken.
Wir sind so frei, weil wir die Gemeinschaft des Glaubens mehr lieben als die unterschiedlichen Eigenarten der Gedanken und Gesetze! Im Namen Jesu – Amen.

(Mt 4,1-11) Jesus entscheidet sich gegen das BÖSE und für das GUTE

1 Du bist dein eigener Gott! Darum denke hauptsächlich an dich!	1 GOTT ist dein Ein und Alles! Darum achte auf das Heilige bei dir! Lerne Lebensweisheiten und Glaubens-Wahrheiten verstehen!
2 Du bist dein eigener Gott! Darum sorge für dich, bediene dich!	2 GOTT ist dein Ein und Alles! Darum sorge nicht nur für dich selbst, sondern kümmere dich um das gerechte und liebevolle Miteinander!
3 Du bist dein eigener Gott! Darum lass andere dich vergöttern, dir dienen, dir opfern!	3 GOTT ist dein Ein und Alles! Darum setze dich für andere ein, dass sie in Würde leben können!
4 Alles ist dir erlaubt, wenn es dir nützt!	4 Gut und schön, richtig und wichtig ist das gemeinsam Lebensdienliche und Liebevolle! Das nützt dir umfassend und nachhaltig.

5 Alles ist dir erlaubt, wenn es dir gefällt!	5 Gut und schön, richtig und wichtig ist das gemeinsam Lebensdienliche und Liebevolle! Daran kannst du dich von Herzen freuen.
6 Suche dein eigenes Glück, ohne Rücksicht auf das Glück anderer!	6 Suche gemeinsamen Sinn und Segen! Bestärke den Mut und die Freude derer, die von deinem Verhalten betroffen sind!
7 Suche dein eigenes Glück, ohne Scheu vor Schäden und Opfern anderer!	7 Suche gemeinsamen Sinn und Segen! Nimm dir zu Herzen, wo andere unter dir leiden, und strebe nach Besserung!
8 Suche dein eigenes Glück, ohne Bedenken von Gemeinschaft und Beziehungen (Vertrauen und Verantwortung)!	8 Suche gemeinsamen Sinn und Segen! Verbinde deinen Wohlstand mit dem Wohlbefinden und Wohlergehen deiner Umgebung und Nachwelt!

Privatisiere Dein Leben! ***Sozialisiere Dein Leben!***

(im Herbst 2011)

Christliches Bekennen in der sozialen Frage

(im Oktober 1998)

Wir stehen heute in einer Versuchung. Wenn wir nicht aufpassen, verlieren wir die sozialen Grundwerte aus den Augen, wenn es um Politik, Wirtschaft, aber auch, wenn es um Kirche und Kultur unseres persönlichen Zusammenlebens geht. In den Kirchen und Gemeinden wird es darum gehen, die Armen als Maß aller Verantwortung einzufordern und einzuklagen. Da unsere Glaubwürdigkeit als Christen daran hängt, wird es ein "Bekennen in der sozialen Frage" geben müssen. Dabei wissen wir auch nicht sofort und von uns aus schon, wie wir darin wirksam weiterkommen, aber wir halten für uns die Richtung fest, in die sich all unser Bemühen um Gestaltung von Kirche und Gesellschaft allein menschlich rechtfertigen lässt.

1. Jede Gesellschaft, gerade auch die gegenwärtige, ist menschlich nur so viel wert, wie sie den Armen an Wohlstand übrig lässt. " Wenn ihr den Hungrigen zu essen gebt und euch den Notleidenden zuwendet, dann wird eure Dunkelheit hell werden, rings um euch her wird das Licht strahlen wie am Mittag." (Jes 58, 10).

2. Das menschliche Recht, Politik zu treiben, verdienen Politiker allein durch Verdienste für das Wohlergehen der Armen. "Ein König, der den Schwachen Recht verschafft, festigt seine Herrschaft für immer." (Spr 29, 14). " Deine Sache aber ist es, für Recht zu sorgen. Tritt für alle ein, die sich selbst nicht helfen können. Nimm die Armen und Schwachen in Schutz!" (Spr 31, 8f.).

3. Gewinne der Wirtschaft lassen sich nur menschlich rechtfertigen, wenn den Armen dabei genug zu einem würdigen Leben bleibt. " Lernt Gutes zu tun, sorgt für Gerechtigkeit, haltet die Gewalttätigen in Schranken, helft den Waisen und Witwen zu ihrem Recht!" (Jes 1, 17).

4. Erpresste Arbeitszeit auf Kosten von Gesundheit und Gemeinschaft ist Verletzung der Menschenwürde. "Denn du sollst daran denken, dass auch du Knecht in Ägyptenland warst und der Herr, dein Gott, dich von dort herausgeführt hat mit mächtiger Hand und ausgerecktem Arm." (5.Mose 5, 15).

5. Jugendarbeitslosigkeit ist Brunnenvergiftung. " Zu den Propheten sagen sie: Ihr sollt keine Visionen haben! Sagt uns nicht, was recht ist, sondern was uns gefällt! Lasst uns doch unsere Illusionen! ... Ihr gleicht einer hohen Mauer, die einen Riss bekommen hat. Er läuft immer tiefer, wird immer breiter, und plötzlich stürzt die ganze Mauer ein." (Jes 30, 10+13).

6. Verschuldung der Öffentlichen Hand ist Ausverkauf der Demokratie. " Ihr seid die Hirten meines Volkes; aber anstatt für die Herde zu sorgen, habt ihr nur an euch selbst gedacht...

Weil meine Schafe keinen Hirten hatten, verliefen sie sich und fielen den Raubtieren zur Beute. Sie irrten überall umher, auf Bergen und Hügeln, denn niemand war da, der sie suchte, niemand, der sich um sie kümmerte." (Hes 34, 2b.5f.).

7. Familien mit Kindern brauchen eine spürbare Förderung durch den Staat, will er sich mit seiner Ordnung und Kultur nicht selbst abschaffen. "Je größer ein Volk, desto größer die Ehre seines Herrschers; ein Rückgang der Bevölkerung ist sein Untergang." (Spr 14, 28). " Sie werden sich nicht vergeblich abmühen. Die Frauen gebären ihre Kinder nicht länger für eine Zukunft voller Schrecken. Sie sind mein Volk, ich segne sie; darum werden sie mit ihren Kindern leben." (Jes 65, 23).

8. Altern in Würde gelingt nur mit Anspruch auf eigenen Raum und ausreichende Pflege. " Du sollst deinen Vater und deine Mutter ehren, auf dass du lange lebst in dem Land, das dir der Herr, dein Gott, geben wird." (2.Mose 20, 12).

9. Umweltzerstörung ist Raubbau an künftigem Leben. "Himmel und Erde sind meine Zeugen: Ich habe euch heute Segen und Fluch, Leben und Tod vor Augen gestellt. Wählt das Leben, damit ihr am Leben bleibt, ihr und eure Nachkommen!" (5.Mose 30, 19).

10. Christliche Gemeinden und Kirchen fordern diese soziale Verantwortung nicht nur ihrem gesellschaftlichem Umfeld ab, sondern verpflichten ihre Mitglieder darauf um ihrer Glaubwürdigkeit willen. Wo Gemeinde und Kirche menschliches Zusammenleben selbst gestalten kann, muss sie das Äußerste wagen, den Armen in ihr zu Würde und Wohlergehen zu verhelfen. " Meine Brüder! Was hat es für einen Wert, wenn jemand behauptet: Ich vertraue auf Gott, ich habe Glauben!, aber er hat keine guten Taten vorzuweisen? Kann der bloße Glaube ihn retten? Das wäre gerade so, wie wenn es da Brüder und Schwestern bei euch gäbe, die nichts anzuziehen hätten und hungern müssten. Und dann sagt einer von euch zu ihnen: Ich wünsche euch das Beste; ich hoffe, dass ihr euch warm anziehen und satt essen könnt! - , er gibt ihnen aber nicht, was sie zum Leben brauchen. Was nützt ihnen der bloße Wunsch und die freundliche Gesinnung? Genauso ist es auch mit dem Glauben: Wenn aus ihm keine Taten hervorgehen, ist er tot." (Jak 2, 14-17).

Zuspruch und Anspruch von solchem entschiedenen und tatkräftigen Bekennen:

Der Glaube ist uns geschenkt, die Liebe ist uns aufgegeben, die Hoffnung befreit aus allem Vorhandenen und Vorgegeben. "Auch wenn alles einmal aufhört - Glaube, Hoffnung und Liebe nicht. Diese drei werden immer bleiben; doch am höchsten steht die Liebe." (1Kor 13,13).

Abgesang auf die derzeit herrschenden Verhältnisse

(Text und Melodie: Friedrich Wallbrecht 2011)

1. Alles ist gesagt. Wer helfen kann, hat nichts gewagt.
Frag nicht mehr: „Warum?“. Für die Vernunft ist die Zeit um.

2. Trau, schau, wem was nützt! Der Staat allein die Reichen schützt.
Großer Ausverkauf! Gewinnsucht frisst das Leben auf.

3. Weisheit ohne Macht. Von Mächtigen nur ausgelacht.
Fünf vor Zwölf am Turm: Es ist die Stille vor dem Sturm.

4. Längst regiert Gewalt. Wer widersteht, der merkt das bald.
Nur dem Volk gelingt die „Wende“, die den Ausweg bringt.

5. Freunde in der Not, die braucht man wie das täglich Brot,
und ein Gottvertrau´n lässt uns nach neuen Wegen schau´n.

6. Halte dich bereit! Erwarte eine bessre Zeit!
Trau dich doch als Christ, dass du für andre Segen bist!

2. Kurze Gedankenanstöße

"...so wahr mir Gott helfe!"

Auf Gottes Hilfe berufen sich etliche Politiker bei ihrem Amtseid. Sie wollen dabei besonders vertrauenswürdig erscheinen und geben sich christlich verantwortungsvoll. Das hält sie dann aber nicht davon ab, Macht ganz selbstgefällig in die eigene Hand zu nehmen. Kommen sie mit ihrem Ehrgeiz in Schwierigkeiten, werden auch schon mal Grenzen des geltenden Rechtes verschoben.

Gott aber lässt nicht zu, dass sein Name als Tarnkappe so missbraucht wird. Früher oder später lässt er solchen frommen Schwindel auffliegen. Wir hören Gott rufen, überhaupt nicht feierlich: "...Euch werd´ ich helfen!" Selten geschieht es, dass Machthaber daraufhin sich gewissenhaft verantworten. Beim Unrecht ertappt ziehen sie sich grollend zurück und fühlen sich ungerecht behandelt. Gott hat alle Hände voll zu tun, ihnen persönlich wieder zu etwas Gutem und Gerechten zu verhelfen. Gott muss mit seiner Allmacht helfen, die Folgen unrechtmäßiger Machtpolitik zu mildern, Schaden zu begrenzen.

Nicht nur Politiker in unserem Land haben sich feierlich auf Gott berufen und dann ihre zwielichtigen Machtgeschäfte betrieben. Sehen wir uns um, so fallen eigentlich sofort die Kirchen auf, wie sie sich auf Gott berufen. "Im Namen Gottes" beginnen Gottesdienste, werden kirchliche Amtsträger geweiht oder eingeführt, beanspruchen Ordnungen und Traditionen in den Kirchen verbindliches Ansehen. Auch den Kirchen ist Etikettenschwindel nicht erlaubt. Wer sich auf Gott beruft, muss sich an Gottes Wort und Gebot messen lassen. Und da haben wir mit unseren Kirchen ähnliche Schwierigkeiten wie die derzeit reichlich blamierten christlichen Politiker.

Es reicht nicht, nur zuzugeben, was anderweitig schon bekannt geworden ist. Vertrauen gewinnt man erneut, wo mit Gottvertrauen gerade auch Selbstkritik geübt wird und Reformen glaubwürdig vorankommen. Sehen wir dazu auf die Kirchen! Die Kirchen unseres Landes berufen sich auf Gott, aber für den Gottesfrieden wagen sie viel zu wenig den Streit mit der Kriegsproduktion und den Kriegsgewinnen unserer Wirtschaft. Die Kirchen predigen Prophetenworte Gottes aus der Bibel, aber mit Gottes Gerechtigkeit für die Armen liegen sie viel zu wenig den Machtpolitikern in den Ohren. Die Kirchen feiern ihre Gottesdienste, aber

mit dem Geist der Freiheit und Einheit von Christus setzen sie sich viel zu wenig über ihre konfessionellen Schranken hinweg. Die Kirchen reden von Gottes Liebe, aber mit ihrem Glauben schließen sie viel zu wenig auch Andersglaubende und scheinbar Nichtglaubende in ihr Herz.
"...so wahr uns Gott helfe!" Gott wird uns allen helfen, indem er uns verändert in seinem Sinne, indem er uns voranbringt auf seinem Weg einer wirklichen Glaubwürdigkeit.

Reformation - wer will das schon?

Am Dienstag ist Feiertag. Da feiern reformatorische Kirchen und Gemeinden ihren geschichtlichen Ursprung. Martin Luther hatte damals am 31. Oktober in Wittenberg mit seinen 95 Thesen für Aufsehen und Aufruhr gesorgt. Lutheraner nahmen in der Vergangenheit den Reformationstag oft zum Anlass, sich als Erfolg jener Reformation zu feiern, mit ihren etablierten Landeskirchen, mit ihren hochfliegenden Parolen "Von der Freiheit eines Christenmenschen" und mit ihrer scharfzüngigen Kritik an der Katholischen Kirche.
In unseren Zeiten wird dieser Gedenktag nicht mehr so prunkvoll und polemisch begangen. In den lutherischen Landeskirchen fehlt es an Mitgliedern, an Überzeugungskraft für Außenstehende, an zeitgemäßer Gestaltung des theologischen Erbes und darum folgerichtig am Geld. Man empört sich augenblicklich über die Katholische Glaubenskongregation unter Kardinal Ratzinger. Dabei steht in seinem Lehrschreiben nur die normale katholische Überzeugung, den protestantischen Kirchen würde es an der Vollgültigkeit der Katholischen Kirche mangeln. Das ist aus katholischer Sicht korrekt. Die Lutheraner fühlen sich jedoch gekränkt. Ihnen sind das Selbstbewusstsein von Martin Luther und sein Schwung, wahre Kirche als Wunderwerk Gottes von allen Institutionen zu unterscheiden, ziemlich abhanden gekommen.
Eigentlich darf den Reformationstag nur feiern, wer bereit ist, sich genauso selbstkritisch und geistreich auch weiterhin zu reformieren. Das Aufsagen von Traditionen und das Vorzeigen von altgedienten Einrichtungen lässt Reformation restaurativ verkommen. Blicken wir auf die gegenwärtige Gestalt des Luthertums in unseren Landen, dann verschwimmen die Grenzen zwischen den beiden kirchlichen Feiertagen: Reformationstag und Buß-Tag. Die Lutheraner

sollten den Reformationstag eher als Buß- und Bet-Tag begehen. Denn sie sind mit ihren lutherischen Landeskirchen und mit ihren lutherischen Theologien meilenweit von der Kreativität Martin Luthers entfernt.

Das Grundübel in den reformatorischen Kirchen liegt nämlich darin, dass eigentlich kaum jemand gegenwärtig eine weitere Reformation will. Das zeigt sich schon in der Sprache dort, wo man Kirche gegenwärtig notgedrungen verändert. Da redet man dann von "Konsolidierung", von "offener Kirche", von "Beteiligung". Immer wird damit ein Gefühl gepflegt, als ob im Bestand und an den Grundlagen sich nichts verändern muss. Es müsse nur "befestigt", "zugänglicher" und "einladender" gemacht werden.

Dem ist aber nicht so. Wer andere gewinnen will, muss bereit sein, sich auf sie hin auch zu verändern. Wer lebendig bleiben will, muss sich dem Leben fügen, also Neues wachsen und Veraltetes absterben lassen.

Lassen wir es Reformation werden und reformieren wir endlich, zuerst einmal uns selbst!

Reformation: Hat die Kirche die passende "Kleidung"?

Vorwort zum Kirchenblatt Jena im Oktober 1995)

Liebe Gemeinde! Liebe Leser hier in Jena und vielleicht auch anderswo!

Der Reformationstag am 31. Oktober darf nicht als selbstgefälliger Festtag oder als erinnerungsseliger Gedenktag missbraucht werden. Es steht uns gerade von der Tradition und der gegenwärtigen Situation her gut an, ihn nachdenklich und selbstkritisch zu begehen. Wie geht es der Kirche mit dem, was sie sagt und tut? Wie hilfreich für den Glauben sind die Gebräuche und Gesetze, die das kirchliche Leben heute bestimmen?

Solches Nachdenken kreist um die Frage: Welche zeitgemäße Gestalt und Form braucht die geistliche Wahrheit, damit sie das Leben wirkungsvoll erfasst und hilfreich gestalten kann? Denn nur der Geist des Glaubens und der Gemeinschaft, der im Lernen mit der Bibel immer wieder neu verständlich und überzeugend ist, dieser Geist ist allein das Bleibende, Unveränderliche an dieser Kirche.

Vergleichen wir es mit der Kleidung! Kritiker halten dieser liberal-charismatischen Kirchenauffassung vor, hier wäre man dem Zeitgeist verfallen und würde jede Mode gedankenlos mitmachen. Ihrerseits gefallen sie sich in den Trachten und Uniformen vergangener Jahrhunderte. In Traditionsumzügen wirken sie ja festlich, nur für den Alltag sind diese Kostüme unpraktisch und lächerlich. Die passende "Kleidung" für die Kirche ist dagegen alles das, was sie einsatzfähig macht und gesund bleiben lässt. Dann darf es auch ansehnlich sein und Aufsehen erregen. Die Zeitumstände wechseln für die Kirche wie die Jahreszeiten. Wege durch die Öffentlichkeit erfordern wetterfeste und ansprechende Kleidung. In vertrauter häuslicher Atmosphäre kann sie demgegenüber sich wieder lässig und bequem geben. Arbeitseinsätze und Notfälle machen hin und wieder besondere Schutzkleidung notwendig, schwerfällig zwar, aber mit lebensnotwendiger Härte.

Hat die Kirche heute und hier die passende "Kleidung"? Wir merken es daran, wie es uns mit der Kirche geht und was wir mit der Kirche ausrichten können. Darüber müssen wir uns immer neu Gedanken machen und ins Gespräch miteinander kommen. Sicherlich muss etliches geändert und manches neugemacht werden. Dabei sollten wir uns aber gleich bewusst sein: Konfektionsläden für die Kirche gibt es nicht. Die Formen, mit denen die Kirche ihr Wesen zeitgemäß einkleiden und ausrüsten soll, sie müssen von uns selbst überlegt, angefertigt und probiert werden.

Ich wünsche uns allen Einfälle und Geschick, wenn wir unseren Glauben und die Kirche für die Erlebnisse und Erfordernisse in unserer Zeit neu einkleiden wollen,

Reformationsgedenktag - diesmal als Auftrag

(zum 31.10.1997)

In unserer Evangelisch-Lutherischen Kirche wird ein altes Wort gern wiederholt, geradezu stolz weitergegeben: "Ecclesia semper reformanda". Das ist ein lateinischer Leitsatz, klingt also gelehrt und stößt eigentlich nirgends auf Widerspruch.

Dabei wird mit diesem Wort eine Weisheit ausgesprochen, die gar nicht so leicht anzuwenden ist. Die deutsche Übersetzung lautet nämlich: Die Kirche ist immer reformbedürftig, sie muss immer wieder "reformiert" werden. Das heißt im Klartext: Die Gestalt und der Aufbau der Kirche, ihre Gesetze und Gewohnheiten, die Schlagworte und Lieblingsideen, ihre Umgangsformen mit Menschen und ihre Ansprüche an deren Formen von Leben und Glauben, alles das muss einer Selbstkritik unterliegen, einer kritischen Überprüfung mit der

Frage: entspricht die Kirche der Gegenwart noch ihrem ursprünglichen Wesen, wird sie ihrer eigentlichen Aufgabe und Begabung noch gerecht?
Martin Luther und seine Mitstreiter stellten diese Fragen damals vor knapp fünfhundert Jahren noch absolut, ohne geschichtliche Veränderungen als legitim anzuerkennen. Sie wollten die Urgestalt der Kirche als die einzig wahre "wiederherstellen". Die "Reformation" war damals eigentlich als "Restauration" angelegt, ganz nach den Idealen der Renaissance: Zurück zu den Quellen! Das Ursprüngliche ist das bleibend Wahre und Richtige, alle Veränderungen sind Verunstaltungen, ja Verfälschungen!
Heute dagegen verstehen wir besser, dass es eine solche ursprüngliche Gestalt, eine ewig gültige und bewahrenswerte Form, nicht gibt. Alles verändert sich im Laufe der Zeit: die Formen von Wirtschaft, Staat und kulturellem Leben, und damit notwendigerweise und völlig legitim auch die Formen von Glaube und Kirche. Freilich, was bei allen Veränderungen festgehalten und notfalls mühsam wiedergewonnen werden muss, ist das bleibend gültige "Anliegen", der innere "Geist" in jenen wandelbaren Formen.
Die katholische Amtskirche hatte zu Luthers Zeiten durchaus Sinn für geschichtliche Veränderungen ihrer Gestalt, nur beharrte sie auf ihrer damals erreichten Form, hielt sie für gut und richtig, ohne Gespür für anstehende und unausweichliche Umgestaltungen. Mit seinem "idealistischen" Ansatz war Luther damals "realistischer", klagte wesentliche Glaubenswerte ein und verhalf zu Argumenten für die notwendige Anpassung der Kirchenform an die veränderten Verhältnisse seiner Zeit.
Das Reformationsgedenken 1997 fällt in eine Zeit der tiefgreifenden Umgestaltung von Kirche. Es ist ein Vorgang seit Jahrzehnten und wird sich noch weiter fortsetzen. Nach dem Ersten Weltkrieg mussten die Evangelischen Kirchen lernen, sich selbst zu verwalten, nicht mehr unter der Aufsicht von Stadträten, Fürsten oder dann Kaisern zu stehen. Dann mussten sich diese Kirchen hier in Ostdeutschland allmählich eingestehen, nur noch eine Minderheit der Bevölkerung als Basis zu besitzen. In den letzten Jahren ist noch hinzugekommen, dass diese Minderheit auch nur begrenzte Geldmittel für die Kirche aufwenden kann. "Ecclesia semper reformanda" - eigentlich dürften wir uns mit dieser Weisheit nicht so schwer tun, die Kirche in eine zeitgemäß ansprechende und finanziell tragfähige Form zu bringen. Das Beharrungsvermögen und die Schwerfälligkeit der Institution Kirche sind aber auch heute beträchtlich, machen Veränderungen mühsam und auch schmerzlich.

An den Kirchgebäuden können wir aber sehen, was da im Gang ist, was möglich ist und was auch hingenommen werden muss. Keiner kann heute mehr große romanische Klosteranlagen bauen, obwohl wir an den Ruinen wie in Paulinzella noch spüren, wie romantisch und ehrfürchtig diese Traditionen wirken. Was wir mit Hilfe der reicheren Kirchen von Westdeutschland dagegen schaffen, sind das Bauen und Beleben von Gemeindehäusern, wie zum Beispiel das Martin-Niemöller-Haus in Jena-Lobeda.
Das kirchliche Arbeiten und Leben formt sich dabei auch um, es "reformiert" sich. Von der imposanten volkskirchlichen "Betreuungskirche" werden wir uns allmählich wandeln zu einer bescheideneren ortskirchlichen "Beteiligungskirche". Eine Kirche, die nicht mehr von allen getragen wird, kann auch nicht für alle und alles da sein. Es wird von denen, die sich für ihre Kirche einsetzen, abhängen, in was für Formen und Verhältnissen Kirche derzeit und weiterhin möglich sein wird.
"Ecclesia semper reformanda" - so begreifen wir das Reformationsgedenken heute wieder stärker als Auftrag, für die Kirche zeitgemäß lebendige Formen und darin durchaus menschlich liebenswerte Verhältnisse einzurichten.

Wer hungert und dürstet nach Gerechtigkeit?

Nach alter Sitte gelten die sieben Wochen vor Ostern auch als "Fastenzeit". Dieser Gedanke findet neuerdings wieder mehr Interesse. Erscheint das nicht sinnvoll: eine Diät gegen beschwerliches Übergewicht oder ein bewusster Verzicht auf Gewohnheiten, um sich unabhängig und frei zu fühlen? Sieben Wochen ohne Rauchen, ohne Süßigkeiten, ohne Fernsehunterhaltung, bringt das für die daran Gewöhnten nicht ein völlig anderes Lebensgefühl? Freilich geht es da lediglich um das eigene Wahrnehmen und Gestalten von Leben.
Lassen wir lieber die selbstgefälligen Formen von Fasten beiseite! Wenden wir uns vielmehr dem ursprünglichen Sinn dieser "Passionszeit" zu! Ab Aschermittwoch bis zum Karfreitag laden die Kirchen dazu ein, sich einmal besonders auf das damalige Leiden von Jesus zu besinnen. Das Erinnern und Bedenken jenes Leidens stimmt ernst und kritisch, ja auch traurig und niedergeschlagen. Denn was sind das für Zeiten und Menschen, wo Freundlichkeit mit

Feindschaft erwidert wird, wo Gutes böse ausgeht, wo Liebe im Leiden verendet! Und dabei machen diese Erinnerungen an damals aufmerksam auf ähnliche Erfahrungen heute.
Das rituelle Fasten ist dann so etwas wie ein Hungerstreik der Seele. Mit solchem Fasten verweigern Glaubende den schuldhaften Verhaltensweisen und schicksalsträchtigen Verhältnissen ihre Anerkennung. Sie wollen von Gott und an sich selbst eine Wende zum Guten erreichen. Das "Hungern und Dürsten nach Gerechtigkeit", wie es Jesus in der Bergpredigt seligpreist, wird bei solchem Fasten ganz wörtlich genommen. Da geht es nicht um eine Diät, auch nicht um einen Beweis, von etwas nicht völlig abhängig zu sein. Eher sind dem die Magersüchtigen vergleichbar, die hart gegen sich selbst vorgehen, um sich für Unrecht zu rächen oder umgekehrt Ansehen und Erfolg zu erzwingen.
Wer will sich das schon antun? Ein Aufstand der Gefühle gegen die gegenwärtig herrschenden Verhaltensweisen und Verhältnisse - wem ist ernsthaft danach?
Es gab und gibt viel Unrecht in der Welt: Die Gerechtigkeit wird von der Gewinnsucht verraten und verkauft. Der Frieden wird jederzeit den Eitelkeiten von Machthabern geopfert. Die Wahrheit verfällt unter der Selbstgefälligkeit und Streitsucht so vieler. Werdendes Leben gerät unter die Räder und alterndem Leben wird seine Würde entzogen.
Ohne heilsames Fasten wird da nichts besser. Es würde Zeit kosten. Auf Gewinnanteile am Unrecht müssten wir verzichten lernen. Lieblosen Gewohnheiten sollten wir abschwören. Das wäre ein "Hungern und Dürsten nach Gerechtigkeit", ein Fasten, das dem Leiden Jesu angemessen ist und zu neuem Leben führt.

Friedensruf zur Kriegsweihnacht

(zum 22.12.01)

Das reichste und mächtigste Land befindet sich im Krieg gegen terroristische Kräfte. Und unser Land hat sich dem "uneingeschränkt" angeschlossen, wie es heißt. Äußerlich merken wir bisher nicht viel davon. Nicht viele unserer Soldaten sind direkt in Kämpfe verwickelt worden. Finanzausgaben für den Krieg schmälern noch nicht spürbar das öffentliche Leben bei uns. Verschärfte und ausufernde Umgangsformen der Sicherheitskräfte werden schrittweise ausgedacht und beschlossen, aber zunächst nicht sichtbar angewendet. Kaum wahrnehmbar hat es aber doch schon mit uns begonnen: es ist Krieg und dieses Fest auf völlig andere Weise eine Kriegsweihnacht.

Damit wird das Weihnachtsfest nicht gleich unglaubwürdig. Hören wir auf die Bibelworte und Erzählungen zu diesem Fest, dann werden uns sehr verkommene Verhältnisse geschildert: vorherrschende Dunkelheiten und Grausamkeiten, Lieblosigkeit und Unrecht, beschwerlich ärmliche Lebenswege und eine menschenverachtende, mörderische Machtpolitik eines Herodes.

"Friede auf Erden", so singen und rufen Engelchöre gerade in eine kriegerische und gewissenlose Welt von Politik und Wirtschaft hinein. Freilich bleibt es nicht bei diesem Drängen und Fordern. Dem Wort zum Frieden folgt in der Weihnachtsgeschichte auch gleich die Tat zum Frieden. Allerdings nicht mit scheinheiligen Versprechen und zwielichtigen Friedensmissionen, vielmehr in Heiliger Nacht mit der Geburt dieses Jesuskindes, mit seinem Lebensweg von Liebe und Versöhnung, von heilender Geduld und barmherzigem Recht, so beginnt Frieden und greift Frieden um sich.

Sehr viel anders wird es auch heute nicht gehen. Da sind sich gewissenhafte Juden, Christen und Muslime einig: "Schalom", "Salam", "Eirene - Pax - Frieden" wächst nur aus Gerechtigkeit und Liebe. Wer "Krieg" als "ultima ratio" rechtfertigen will, redet nur dem Wahnsinn das Wort. Der Ruf nach "Friede auf Erden" erhebt sich aus allen heiligen Schriften. Juden lernen das aus ihrer Schrift und den Propheten. Muslime rezitieren dazu liebenswürdige Weisheiten aus ihrem Koran. Christen bekommen es von Christus in der Bergpredigt zu hören und begreifen es beim Klang der Worte zu Weihnachten.

Lassen wir also das Wunder der Heiligen Nacht heilsam wirken in unserem Alltag! Sucht geduldig Frieden! Macht gefälligst Frieden! Haltet gewissenhaft Frieden!

Der wirkliche Wert unserer Werte

(zum 10. 08. 02)

Ab und zu äußern wir uns über unsere moralischen Werte: was uns wirklich wichtig ist, wofür wir uns einsetzen, worin wir das Gute und Richtige für unser Handeln und Zusammenleben sehen. Diese Ansichten und Normen halten wir unseren Kindern vor, kommen hin und wieder

unter Freunden darauf zu sprechen, hören es gern in feierlichen Sonntagsreden, nehmen es interessiert in Wahlkampfreden zur Kenntnis.
Von Kirchen und auch von Schulen wird auf besondere Weise erwartet, für die moralischen Werte des Zusammenlebens einzutreten. Da soll gegen Gewalt und für Toleranz Stimmung gemacht werden, gegen Eigensinn und für liebevolles Verständnis, gegen engherzigen Eigennutz und für tätige Solidarität. Neuerdings wird auch wieder mehr Familiensinn und Kinderfreundlichkeit empfohlen.
Solche moralische Stimmung gerät aber immer wieder in eine Kraftprobe mit gegenläufigen Wünschen und Gefühlen. Der wirkliche Wert unserer Werte kommt dann in den ethischen Konflikten zum Vorschein. Dort, wo wir abwägen müssen, wo wir uns zwischen dem einen und anderen Ideal entscheiden sollen, da zeigen sich dann die wirklichen Kräfteverhältnisse in unserem Gewissen. Welchem Wert geben wir im Zweifelsfall den Vorzug, wofür sind wir bereit, auch eigene Einschränkungen oder gar Opfer in Kauf zu nehmen?

Die Kirchen empfehlen ihren Mitgliedern, aber auch allen anderen ethisch interessierten Mitbürgern drei Schritte zum Überdenken ihrer eigenen Lebenswirklichkeit:
(1) Zunächst einmal sind die Werte für das Leben Gefühlssache: Bei welchen Idealen und Normen habe ich selbst ein gutes Gefühl, komme mir anständig und menschlich vor? Das Herz sprechen lassen - da beginnen wir erst einmal ehrlich bei uns selbst.
Dann aber (2) sollten wir einen klaren Kopf behalten, vernünftig und nüchtern abschätzen: Was für Auswirkungen und Folgen hat mein Tun und Lassen, für mich selbst und andere, auch auf Zukunft hin? Das haben wir eben nicht im Gefühl, sondern müssen es uns ausrechnen, ohne dabei Ungenauigkeiten und Irrtümer vermeiden zu können. Erfahrung mag helfen, oftmals auch Beratung mit anderen.
Schließlich (3) sind wir gut beraten, die Betroffenen unseres Handelns wahrzunehmen, vielleicht sogar aufzusuchen und an ihrem Leben Anteil zu nehmen. Dann wird uns nämlich deutlich, ob wir mit unserem Handeln gemeinschaftsförderlich sind.
Nicht wir können den menschlichen Wert unserer Werte festlegen. Er ergibt sich aus Lob und Dank der Betroffenen, aus dem Segen für andere.

Was von Weihnachten bleibt

(zum 04.01.03)

Der Weihnachtsbaum landet im Müll. Die leeren Gläser und Flaschen werden zu Glasschrott. Kostbare Dekorationen werden vielleicht in einer Kiste verstaut. Die stimmungsvollen Geschenkverpackungen verwandeln sich meist schnell in Altpapier. Und die Geschenke? Umtauschaktionen befreien uns von dem, was nicht passt oder nicht gefällt. Was wir nicht gebrauchen können, wird weggeräumt und irgendwann ohne Aufsehen weggeworfen.
Und die Worte von Weihnachten? Gern erinnern wir uns an die Wünsche für unser persönliches Wohlergehen: Gesundheit, Erfolg, Glück und Zufriedenheit. Dann gibt es aber auch die großen Worte aus den Weihnachtspredigten und Festansprachen. Da war von "Friede auf Erden", von "Gerechtigkeit für alle" und von "Hilfe für die Notleidenden" die Rede. Diese großherzigen Worte werden bei vielen nicht widerrufen, wohl aber wehmütig weggesteckt in die Weihnachtskiste, bis zum nächsten Mal.
Die alltägliche Realität können sich die meisten nicht zusammen mit den religiösen Idealen vorstellen. "Friede auf Erden"? Die Kriegstreiber haben längst mobil gemacht und mit Truppen Stellung bezogen. "Gerechtigkeit für alle"? Die Kalkulatoren berechnen ihre Gewinne achselzuckend mit ungerechten Verhältnissen und sogar mit unrechtmäßigem Verhalten. "Hilfe für Notleidende der Welt"? Die Wahlkämpfer wenden sich kaltschnäuzig von den hohen Weihnachtsgefühlen ab und bedienen die niederen Gefühle, um Auftritte zu bestehen und die nötigen Wählerstimmen zu gewinnen. Da fällt es schon kaum noch auf, dass Großmächte sich mit voller Absicht über Menschenrechte hinwegsetzen. Meinungsmacher in Medien tun ein Übriges, um die feierlichen Worte von Weihnachten zu zerreden.

Was bleibt von Weihnachten das Jahr über? Von Maria wird erzählt: sie behielt alle Worte und bewegte sie in ihrem Herzen. Und von Simon Petrus wird überliefert: er hielt sich zu Jesus, weil er bei ihm Wunder erlebt und lebenstaugliche Worte gelernt hat. Die Lebensweisheit und Glaubenswahrheit von Weihnachten will tapfer in den Alltag hineingetragen und standhaft gegen die herrschenden Verhältnisse durchgehalten werden. Machen Sie mit?

Auferstehung als Aufstand der Liebe

(zum 19. 04. 03)

Die Herrschenden fürchten Aufstände. Da kommt ihre eigennützige Ordnung ins Wanken. Auch die Geschäftemacher begeistern sich nicht für Aufstände. Da verlieren ihre Gewinnrechnungen und Eigentumsansprüche die Geschäftsgrundlage. Und in dem Netz von Nutzen und Gewohnheiten sind Mehrheiten eingespannt und drängen darum auch nicht auf wesentliche Veränderungen.

Nun ist die urchristliche Botschaft von der "Auferstehung" aber genau so ein Aufruf zum Aufstand, zu einer Revolution gewesen. Glaubende hatten eine Vision, der schmählich verurteilte und hingerichtete Jesus hätte im Himmel bereits die Weltherrschaft übernommen. Alle Lebenden täten gut daran, ihr Leben nach seinen Geboten neu zu ordnen. Die derzeitigen Machtverhältnisse hätten hoffnungslos abgewirtschaftet. Die künftigen Verhältnisse von weltweit liebevoller Gerechtigkeit und himmelweit ehrfürchtiger Religiosität wären schon abzusehen. Da sei es nur vernünftig und dringend geboten, im eigenen Verhalten das bereits zu berücksichtigen. Ein persönlicher Aufstand der Anständigen und Gerechten also, der liebevoll Verantwortlichen und ehrlich Aufrichtigen.

Aus der Geschichte bis heute wissen wir, was aus solchen persönlichen Aufständen der Liebe werden kann und wird. Im persönlichen Bereich können da wahre Wunder geschehen, auch in kleinen Gruppen und Nischen der Gesellschaft. Ein Frühling an Gefühlen, ein blühender Garten von glücklichen Erlebnissen, verstreute Oasen menschenwürdiger Gerechtigkeit inmitten der moralisch kargen öffentlichen Landschaften. In der Bibel selbst wird der Ausbruch an religiöser Revolution schon wieder zurückgenommen. Statt der Visionen einer liebevoll gerechten Weltordnung treten Erzählungen in den Vordergrund, die von zeitlich befristeten Begegnungen mit dem wiederbelebten Jesus reden. Für die globalen und gesellschaftlichen Verhältnisse nichts Aufregendes, schon gar nicht Aufständisches.

Ostern mit der Vision einer "Auferstehung" - das meint mehr als die paar feierlichen Tage. Ein Aufstand der Liebe ist angesagt: in der politischen Weltordnung gegen den Krieg, in der sozialen Ordnung unseres Landes gegen die geplante Ungerechtigkeit, in den kirchlichen Formen gegen konfessionelle Engherzigkeit.

Himmelfahrt als Flugschule in der Hoffnung

(zum 24. 05. 03)

"Himmelfahrt" weist im antiken Weltbild auf eine Entrückung hin, hinauf über die Wolken und das Sternenzelt, mitten in die himmlische Residenz Gottes. Zum Feiertag am Donnerstag wird in den Kirchen die christliche Erzählung von einer Himmelfahrt Jesu erinnert. Vor Jahrhunderten machte man das auch in der Stadtkirche St. Michael ganz anschaulich. Eine hölzerne Christusfigur wurde vom Altar weg an Seilen hinaufgezogen, durch ein Gewölbeloch hindurch. So entschwand sie den Blicken himmelwärts.

An der bildhaften Vorstellung brauchen wir uns heute nicht mehr festzuhalten. Wichtiger sind die Gefühle und Verhaltensweisen, wie sie sich mit dieser Erzählung ausdrücken und anschaulich machen wollen. "Himmelfahrt" deutet einen Höhenflug an, einen Aufschwung von Gefühlen, einen Aufbruch in Verhaltensweisen.

Für das Verständnis von Jesus heißt das, aus der Verzweiflung des Todes nun hingerissen sein zu einer überlegenen Zuversicht. Der durch den Foltertod Entehrte nun bei Gott geehrt, sogar mit Amt und Würde überhäuft - unsichtbar und unbegreiflich, aber ungemein tröstlich.

Seinen Anhängern, den Interessenten und Sympathisanten von Jesus dagegen steht der Himmel noch nicht offen. Sie bleiben mit beiden Beinen auf der Erde, auf dem Boden der Tatsachen, weiterhin der Schwerkraft von irdischen Schwierigkeiten ausgesetzt. Mit dem Aufblick zum Himmel Gottes haben sie aber plötzlich den Luftraum über der Erde wahrgenommen. Über festgelegtes Land und Meer bewegt sich freie, grenzenlose Luft, als Sturmwind oder als Windhauch. Über den Tatsachen und Strömungen breiten sich Freiräume von Idealen und Hoffnungen aus. Glaube versetzt nicht in eine andere Welt, aber er verleiht der Seele Flügel. So können wir abheben mit den Flügeln des Glaubens, uns von Hoffnungen tragen lassen. Manche Untiefen lassen sich so überwinden. Manche Mauern werden unerheblich. Der Sturm an Gebirgen wird zum Aufwind und muss den ausgebreiteten Flügeln dienen.

Offene Arme, freigiebige Hände, aufmerksame Augen, verständnisvolle Ohren, behutsame Füße, ein vertrauensvolles Herz und waches Gewissen: so können wir im Luftraum der Hoffnung fliegen lernen, zum Segen für andere und eben auch für uns selbst. Auf geht´s!

Glauben wirkt Wunder und bringt Streit

(zum 25. 10. 03)

Die echten Erzählungen von Jesus sind nie langweilig. Da ist Bewegung drin. Meist gibt es irgendwann eine Störung der üblichen Feierlichkeit. Typisch für Jesus, wie daraufhin der gewohnte Gang unterbrochen wird. Der notleidende Mensch bekommt Vorrang und wird in den Mittelpunkt gerückt. Alles dreht sich nun um ihn, notfalls werden Gesetze geändert und wahre Wunder vollbracht. Regelmäßig gibt es anschließend Streit mit hartherzigen Sittenwächtern und kleingläubigen Frommen. Am Ende steht ein Geheilter an Leib und Seele, an Gedanken und Gewissen. Die unvoreingenommene Menge staunt und ist begeistert. Die selbstgerechten Hüter der Religion hingegen sind entgeistert und verstimmt. Jesus hat dann viele Freunde hinzugewonnen, aber auch einige Feinde.

Eine solche dramatische Wunder- und Streitgeschichte wird an diesem Sonntag in den evangelischen Kirchen vorgelesen und in den Predigten überdacht. Und wenn wir einigermaßen bei Sinnen sind, lassen wir uns von den unkonventionellen Umgangsformen von Jesus anrühren, ja anstecken. Christlich im Sinne von Jesus sind die Gottesdienste und Kirchen, wenn sie sich in ihrer Routine von notleidenden Menschen unterbrechen lassen, sich geradezu herausgefordert sehen und ganz auf einen Bedürftigen eingehen, ihm auf einfache oder wundersame Weise helfen. In seltensten Fällen muss dazu ein Gottesdienst unterbrochen werden. Meist genügt es, in der Woche einen Hilfsdienst zu organisieren, Zeit für Gespräche einzuräumen, einen Gemeindekreis damit zu befassen und gegeben falls auch Gelder aufzubringen.

Meist meldet sich dann bald Widerspruch: Muss das sein? Sind nicht andere zuständig? Hat der Betreffende nicht selbst schuld? Werden wir ausgenutzt und so selbst beeinträchtigt? Und, man glaubt es kaum, sogar Widerstand regt sich mitunter: Diakonie wäre eher ein Randgeschäft, im Mittelpunkt der Gemeinde stünden eher Gottesdienst und Seelsorge. Der Einsatz für Benachteiligte und Schwache, für Opfer von Krieg und Gewalt wäre schon gut, nur sollte er nicht derart Hauptthema in Predigten und anderen kirchlichen Worten werden.

Wer heilsame Worte und Wunder wagt, darf auch zugehörigem Streit nicht aus dem Wege gehen. Nur Mut!

Das feierliche Gelöbnis in den Kirchen

(für 18./19.09.2001)

Jeden Sonntag erklingt in den Gottesdiensten ganz feierlich: "Ehre sei Gott in der Höhe und auf Erden Frieden". In der Weihnachtserzählung des Lukas wird dieses Lied als Gesang der Engel zur Geburt Christi vorgestellt. Alle Christen nehmen das in den Kirchen auf und machen so aus dem Gesang der Engel ein Gelöbnis für sich selbst. Sie wollen Gott die Ehre geben, mit Singen und Beten. Und sie wollen Gott Ehre machen, mit ihrem alltäglichen Tun und mit besonderen Diensten, alles für den Frieden auf der Erde.

Christen werden daraufhin ihr Handeln kritisch überdenken: Diente das dem Frieden? Und sie fragen verantwortlich nach den Folgen ihres beabsichtigten Tuns: Wird es dem Frieden dienen? "Friede auf Erden!" - das betrifft auch die Armeen, die mit Gewalt und Krieg drohen und im Einsatz zwangsläufig Unrecht und Tod verbreiten. Dienen sie dem "Weltfrieden"? Behutsamer und geduldiger gefragt: Eröffnet der gewaltsam-bedrohliche Einsatz und der gewalttätig-leidvolle Kampf eine Tür zu einem Waffenstillstand, zu einem anfangs noch unbeliebten neuen Miteinander? Da darf man nicht allein die Generäle und Machtpolitiker fragen. Sie rechtfertigen militärische Maßnahmen schnell als "Friedensmission". Da muss man vielmehr in die Gesichter der Betroffenen sehen, auf deren Reaktion in der Folgezeit achten. Finden die Bedrohten und Verletzten auf einen Weg zum Frieden?

In einer globalisierten Welt sollten alle Armeen feierlich geloben, dass ihre Rüstung und notfalls auch ihr Kampf dem Weltfrieden dienen, dem "Friede auf Erden". Mit nationalstaatlicher Engstirnigkeit, auch wenn man sie "Verteidigung der Freiheit eines Volkes" nennt, wird man sich vor den Gewissen nicht mehr herausreden können. Und solche militärischen Gelöbnisse sind nur glaubwürdig, wenn auch die Wirtschaft sich in einem Gelöbnis dem Weltfrieden verpflichtet. Denn wozu das Leben riskieren beim "Einsammeln" von Waffen, wenn zuvor an der Produktion und dem Handel der Waffen so unsinnig viel verdient wurde?

Christen bleiben bei ihrem Gelöbnis: "Frieden auf Erden". Wer immer von Christen noch andere Gelöbnisse abverlangt, wird erklären müssen, wie das diesem Frieden dient.

Umgang mit GOTT lernen

(06. 09. 2000)

Glauben wird lebendig, wenn wir den Umgang mit GOTT lernen. Das Lehrbuch dazu, Umgangsformen mit GOTT zu lernen, das ist für Christen auch weiterhin die Bibel.

Erzählungen am Anfang möchten uns erst einmal die Grundhaltungen des Glaubens beibringen. Wir dürfen dankbar staunen für die Welt. Sie ist ein Wunderwerk Gottes auch für uns, voller wundersamer Geschenke von Leben und gesegnet mit wunderbaren Aufgaben. Und wir dürfen weiterleben auch dann, wenn wir aus Übermut oder Verzweiflung Schaden angerichtet und Schuld auf uns geladen haben.

Die weiteren Geschichten von Familien und dem einen Volk Israel möchten uns dann die Zuversicht des Glaubens zugänglich machen. Unser Leben hängt mit einer wunderbaren Geschichte Gottes zusammen. Mit Gott finden wir darum immer wieder einen Ausweg. Aus Leiden und Schuld führt Gott heraus.

Auch die Machtpolitik eigensinniger Könige kann die Lebensgrundlagen nicht völlig kaputt machen. Selbst die gewissenlose Habgier asozialer Reicher kann nicht von Dauer sein und wird ihr Ziel nicht erreichen. Propheten mahnen und trösten damit in Hinblick auf die politische Geschichte der Völker.

Weisheitslehrer mahnen und trösten damit in Hinblick auf die Geschichte des persönlichen Lebens.

Jesus freilich erteilt den Glaubenden die wichtigste Lektion für den Umgang mit GOTT:

Die Liebe ist das wichtigste, auch im Umgang mit GOTT. Nur die Liebe nimmt Gott so an, wie er ist: nämlich in seiner allmächtigen Liebe auch zu denen, die uns fern, fremd oder gar feindlich sind.

Wirklich lohnendes Verhalten - was Jesus uns heute dazu sagen würde:

(zum 15. 05. 02)

Selig sind, die da geistlich arm sind; die ihren Glauben nicht für allwissend und ihre Religion nicht für die einzig wahre halten, *denn sie haben glaubwürdigen Anteil an Gottes Liebe.*

Selig sind, die da Leid tragen; die eigene Trauer aushalten und fremdes Leiden sich zu Herzen nehmen, *denn sie finden den Weg zu einem besseren Leben.*
Selig sind die Sanftmütigen; die es mit guten Worten und hilfreichen Taten versuchen, *denn sie dienen dem menschlichen Überleben.*
Selig sind, die da hungert und dürstet nach der Gerechtigkeit; die menschenwürdigen Wohlstand als Wohlergehen aller fordern, *denn sie werden recht bekommen.*
Selig sind die Barmherzigen; die Rücksicht nehmen auf die Gefühle Betroffener, *denn sie werden Gemeinschaft genießen.*
Selig sind, die reinen Herzens sind; die aufrichtig und ehrlich handeln, *denn sie werden es nicht bereuen.*
Selig sind, die Frieden stiften; die Kriege beenden, Streit schlichten, zur Versöhnung beitragen, *denn sie werden als die wahren Helden gelten.*
Selig sind, die um der Gerechtigkeit willen verfolgt werden; die um ihrer Gutherzigkeit verspottet, die bei ihrer Gutmütigkeit ausgenutzt, die mit ihrer Gutgläubigkeit betrogen werden, *denn sie sind ganz gewiss auf Gottes Seite.*
Selig, glücklich und lebenswert die Augenblicke und Gelegenheiten, in denen wir uns danach richten und einiges davon zu Wege bringen!

Kräfte zur Veränderung

(zum 29. Mai 2002)

Hans-Curt Flemming hat einmal kurz und bündig formuliert: "Es gibt so viele Gründe, alles beim Alten zu lassen, und nur einen einzigen doch endlich etwas zu verändern: Du hältst es einfach nicht mehr aus!“

Dieser Spruch erklärt vieles! Stapel von Büchern drängen darauf, die Verhältnisse in unserer Welt zu verändern: gerechter für die Ärmeren, lebenswerter für die Künftigen.
Doch höher noch sind die Barrikaden von Gründen, nichts wesentlich zu verändern: die Wähler würden dem mehrheitlich nicht zustimmen, die Wirtschaft wäre ruiniert, die Ordnung würde zusammenbrechen.

Auch die Verhältnisse in und zwischen den Kirchen erweisen sich als äußerst widerstandsfähig gegenüber wirklich glaubwürdigen Veränderungen. Die vielen Bibelworte und Gesangbuchlieder reden den Glaubenden ins Gewissen, doch endlich die Zusammengehörigkeit sichtbar zu machen mit einer weltweit einheitlichen Kirchenleitung, mit voller Sakramentsgemeinschaft vor Ort. Der ökumenische Kirchentag 2003 in Berlin will dem nicht nachkommen und häuft hundert Gründe gegen eine Reformation auf.

Leiden bewegen zu nichts. Sie erstarren in Wehleidigkeit. Freude bringt auch nicht weiter. Sie erstarrt leicht in Selbstgefälligkeit. Es muss schon in einem brennen. Es muss die Härte des Herzens aufbrechen: "Du hältst es einfach nicht mehr aus" - aus Sehnsucht nach Glück und Segen, aus Angst vor Krisen und Katastrophen.
Das meinen die Erzählungen der Osterbekehrungen und der Pfingstwunder.
Hoffen wir, dass solche Kräfte der Veränderungen auch bei uns heute aufbrechen!

(zum 26. 06. 2002)

Zu viel Vergebung - zu wenig Verantwortung derzeit im Christentum

Der Evangelist Lukas hatte sich das so schön gedacht: Johannes der Täufer weckt die moralische Gewissen der Gläubigen und Jesus von Nazareth tröstet die selbstkritischen Seelen, die über ihre moralische und religiöse Unvollkommenheit verzweifeln möchten.
Beide wichtigen Gestalten der Glaubensgeschichte kommen im Abstand eines halben Jahres zur Welt: im Sommer, am 24. Juni, Johannes der Täufer, im Winter, am 24. Dezember, Jesus von Nazareth.
Jeder für sich nur die halbe Wahrheit, zusammen dann erst das Ganze. Tröstliche Vergebung und moralische Verantwortung, beides gehört zusammen, wie beim Gehen der eine und der andere Fuß. Mal geht der eine voran, mal der andere. Zur Verantwortung wird aufgerufen, mit Vergebung dann das Unvollkommene und Verkehrte dabei aufgefangen. Aus der Vergebung heraus richtet sich Lebensfreude schwungvoll auf, durch Verantwortung gewinnt sie dann segensreiche Wirkungen.
Dieses religiöse und moralische Gleichgewicht gelingt dem Christentum derzeit kaum noch.

Da ist die tröstliche Vergebung zum Standbein entartet, die moralische Verantwortung zum Spielbein verkommen. Kein Wunder, dass da nichts mehr vorankommt. Das angestrengte Hüpfen auf der Botschaft von der Vergebung ist jammervoll anzusehen und endet immer wieder damit, dass das Christentum verantwortungslos umfällt, kläglich und haltlos in die Arme der Mächtigen und Gewinnsüchtigen.

Das Christentum muss wieder gehen lernen mit beiden Beinen, mit der tröstlichen Vergebung von Jesus, mit der moralischen Verantwortung von Johannes.

Wir werden es merken, wenn das Christentum wieder auf beide Füße kommt. Dann werden die Kirchen zum Johannestag am 24. Juni so voll sein wie am Christtag zu Heilig Abend am 24. Dezember.

(zum 14. 05. 2003)

Wunder im Frühling

Nichts bleibt so wie es ist: Aus hölzernen Zweigen wachsen zarte Blätter und empfindsame Triebe. Auf welken Wiesen sprießen Halme und Blumen. Nach grauen Winterabenden mit krächzenden Krähen bezaubern nun Stunden der Frühlingsdämmerung mit Amselgesang und Nachtigallenkonzert. Die niedergedrückte Sonne wagt immer höhere Kreise und bietet neben vernünftigem Licht wachstumsstärkende Wärme.

Und immer ist es etwas anders als im vergangenen Jahr. Nur flüchtig scheint, als ob sich alles wiederhole. Natur ist zu lebendig, um stur im Kreis zu gehn. Die Maße ändern sich, auch die Gestalt. Und was entsteht, verändert seinen Ursprung. Wer auf die alten Zahlen pocht, verpasst den Fortschritt. Und die gewohnten Formen veralten bald. Die altvertrauten Menschen werden rätselhaft, wenn sie im Maitrieb wachsen. Der Körper findet neue Kräfte. Gefühle blühen unversehens auf. Da mag der Eigensinn bescheiden werden und plötzlich sich an Fremdem freuen. Erwachsene laufen ungeniert wie Kinder, so Hand in Hand und Arm in Arm.

Wann wird es Frühling in den Kirchen? Wenn es geschieht, dann werden wir es merken. Das Wachsen und das Blühen werden nicht zu übersehen sein. Und was gesetzt und überliefert ist, wächst über sich hinaus, ganz leicht und lächelnd - ein Wunder halt.

Die Hoffnung darauf macht schon Freude.

Kirchliche Pfingststimmung

(zum 21. 05. 03)

Die Orgel hat eingangs ein Glaubenslied zum Klingen gebracht: "Komm, Gott Schöpfer, Heiliger Geist". Mit diesem Lied macht sich Unzufriedenheit Luft, Sehnsucht nach Lebenskraft und Segen in den eigenen persönlichen Umständen, Hoffnung auf eine Neue Schöpfung, auf den Himmel auf Erden, auf eine heile Welt.

Gott soll eingreifen, handeln, kreativ gestalten, wie in der Erzählung von den Schöpfungstagen vorgestellt: Licht aus Finsternis, Festland über dem Abgrund, Sonne, Mond und Sterne statt Dunkelheit und düstere Angst, Pflanzen und Tiere, Lebewesen inmitten gefühlloser Materie, und die Menschen als Ebenbilder Gottes: aus Stoffen und Zellen zwar, doch mit Geist und Seele; beschränkt, verletzbar, gebrechlich und sterblich, doch weitsichtig, liebevoll und segensreich; mit Weisheit schöpferisch am Werk, mit Würde auch die Ruhe genießen.

Wie aber kann solche göttliche Hilfe geschehen? Wie greift Gott ein zur Rettung der Welt? Ganz leise haucht Gott sein Heil in die Geschichte - Heiliger Geist:

Kraft für die Herzen, Weisheit für die Gewissen, Liebe für das Gefühl, Geduld für das Gedächtnis. Nicht mit Druck von oben, sondern mit Schwung von innen; nicht mit Angriff von außen, sondern mit Antrieb aus eigenem Willen. Heiliger Geist: Gott nicht im Alleingang, sondern bei Menschen werbend und sie lockend zur Mitarbeit.

"Komm, Gott Schöpfer, Heiliger Geist!" Und Gott kommt singend: "Komm, freier Mensch, mach mit und zeig dich deiner Freiheit würdig!"

Ein Zauberwort des Glaubens

(zum 08. 10. 03)

Im Märchen von Ali Baba wird von einer sagenhaften Schatzhöhle erzählt. Von außen gibt es keinen Eingang zu erkennen. Man sieht nur natürliche Steine und gewöhnliche Bäume. Auf ein Zauberwort hin aber öffnet sich der Felsen einen Spalt breit. Der Kundige gelangt in den geheimnisvollen Raum, zu unermesslichen Reichtümern und unvorstellbarem Glück.

So ist das auch mit dem Glauben in diesem Leben. Gewöhnlich sehen wir nur unsere Welt, in gewohnten Abläufen und natürlicher Umgebung. Unter all den Menschen kein Gott zu sehen. Bei all den Geschichten keine Heilsgeschichte zu spüren.
Auf ein Zauberwort hin aber öffnet sich unsere Welt einen Spalt breit, gewährt einen Zugang zum Reichtum göttlichen Lebens. Wir können das Zauberwort des Glaubens anderen Glaubenden ablauschen, wo wir sie reden hören, wo wir von ihnen lesen können: "*Dennoch*", so lautet die trotzige Rede schon in Psalm 73, "dennoch bleibe ich stets an dir, denn du hältst mich bei meiner rechten Hand."

Die Welt der Menschen sehen, wie sie ist, und *dennoch* an den Himmel Gottes glauben. Die Macht der Ungerechtigkeit wahrnehmen, wie sie das Menschliche verunstaltet, und *dennoch* auf die Gerechtigkeit Gottes vertrauen. Gegen die Steine der Realität ein religiöses "Dennoch" rufen, da öffnen sich Felswände und gewähren Zugang zu Gott, zu göttlicher Wahrheit und segensreichen Kräften. Und aus diesem geheimnisvollen Raum des Glaubens können wir uns mit einiger Erkenntnis anreichern und von dem überirdischen Glück ein wenig mitnehmen.

Zurück im eigenen Leben will der göttliche Reichtum zu menschlichem Segen werden: Und aus dem trotzigen "dennoch" wird ein zuversichtliches "gerade darum".

Johannes der Täufer - „Gegentyp“ zu Jesus

(zum Kirchenblatt Jena im Juni 95)

Liebe Gemeinde hier in Jena, liebe Leser nah und fern!
Wir haben uns zu Pfingsten an die Anfänge der Kirche erinnert. Furchtsame Jünger, vom Geist Jesu beseelt, verlieren plötzlich alle Scheu, treten mit ihrer Glaubensüberzeugung öffentlich auf. Vergleichen wir jene wundersamen Geschichten über die Anfänge der Kirche mit dem oft mühsamen und bescheidenen kirchlichen Alltag heute, dann schleicht sich in das Staunen vielleicht doch etwas Neid, jedenfalls aber die Sehnsucht, es möchte über die so gehaltvollen Christuspredigten doch auch einmal wieder jene anfängliche Begeisterung und

Anziehungskraft kommen. Pfingsten könnte so ein Thema für besinnliches Nachdenken in den nächsten Wochen und Monaten sein.

Gerade da aber erinnert die Tradition des Kirchenjahres an eine so ganz andere Gestalt des Glaubens, an Johannes den Täufer. Am 24. Juni feiern wir "Johannistag". Blicken wir nur oberflächlich und flüchtig auf jene Überlieferung, so könnte es sich um den bloßen "Vorläufer" von Jesus handeln. Im Lukasevangelium wird in den ersten drei Kapiteln Johannes als "Wegbereiter" beschrieben: Ankündigung und Geburt von Johannes ein halbes Jahr vor Jesus, in der Art seines Auftretens als Erwachsener deutlich gegensätzlich zu Jesus, als Asket mit seiner Bußpredigt und Taufhandlung geradezu das Gegenteil zu der Wirkungsweise Jesu. Man muss Johannes gehört haben, um auf Jesus vorbereitet zu sein. Gelangt man daraufhin zu Jesus, hat man erst dann das Endgültige und Vollkommene erreicht, an dem der Glaube sich festmachen kann (Joh 1; 3, 22 - 30).

Nun finden sich aber in der biblischen Überlieferung auch Hinweise auf Eigentümlichkeiten des Johannes, die von Jesus so nicht aufgegriffen und überboten werden. Johannes hat sich berufen gefühlt, politisch gegen moralisches Unrecht von Herrschenden zu predigen (Mk 6, 17 - 29). Wen wundert es, dass Johannes daraufhin inhaftiert und mit einer Intrige schließlich umgebracht wird. Die Kirche hat in ihrer Geschichte die Art des Johannes und seine besonderen Anliegen nie abgeschrieben. Als "Gegen Typ" ist er eine notwendig praktische Ergänzung zur Verkündigung von Jesus Christus, nicht nur als "Vorläufer", sondern eben auch als ständiger "Begleiter", Sachwalter für politische Prophetie und Predigt, die aus dem "Alten" Testament heraus demnach nie "veraltet".
Ich lade Sie ein, nach Pfingsten einmal gründlicher über Johannes den Täufer nachzudenken, und wünsche Ihnen dabei weiterführende Einsichten und hilfreiche Anregungen.

Die Krankheit der Kirchen

(03./04. 07. 1999)

Die großen Kirchen in unserem Land sind krank. Natürlich wollen das die Patienten so richtig nicht wahrhaben. Jeder Kinderarzt wäre äußerst besorgt. Die Symptome sind nämlich unübersehbar: Sie wachsen nicht mehr weiter. Ihr Gewicht und ihre Kräfte nehmen sogar ab. Sie benehmen sich manchmal reichlich altklug, lassen aber Spontanität und Kreativität vermissen. Statt sich gesund zu ernähren, greifen sie oft nach den Süßigkeiten öffentlicher Aufmerksamkeit. Dann wieder verderben sie sich den Magen, indem sie trotzig überlagerte Konserven aus dem Keller ihrer Tradition verzehren. So richtig gesprächsfähig und umgänglich erlebt man sie selten. Dafür verbringen sie aber sehr viel Zeit mit Unterhaltungsprogrammen, wo sie sich von Politikern und Wirtschaftsstrategen belehren lassen. Zum Ausgleich gibt es dann kleine Spiele, bei denen sie ihre Ideale und Normen in Scheinwelten verteidigen und durchsetzen.

Was ist das für eine Krankheit, die gegenwärtig die Kirchen wieder einmal so kümmerlich und zurückgeblieben erscheinen lässt? Die Symptome deuten auf eine gefährliche Verhaltensstörung hin. Für diese Krankheit, die in der Kirchengeschichte immer mal wieder auftritt, gibt es noch keinen griffigen Namen. Sie kann aber umschrieben werden: Drastische Einbußen an Selbstbewusstsein, beschämende Distanzlosigkeit zu den Mächtigen, unterentwickeltes Mitgefühl mit den Leidtragenden ihres eigenen Verhaltens, bei Ansätzen zur Systemkritik leicht abzulenken auf gefühlvolle Einzelfälle, äußerst wehleidig und bockig bei drohenden Verlusten ihrer Besitzstände, darum kaum neugierig und lernbereit für Veränderungen.

Die Krankheit der Kirchen ist zwar ernst, aber nicht hoffnungslos. Die Therapie ist ja längst bekannt. Auch auf dem Evangelischen Kirchentag in Stuttgart war viel davon zu hören. Das stolze Wort "Ihr seid das Salz der Erde" ist von Jesus sehr kritisch seinen Jüngern, Anhängern und Nachfolgern entgegengehalten worden. Salz muss nach Salz schmecken, sonst ist es nur noch minderwertiger Streusand. "Ihr seid das Salz der Erde", damit ihr konzentriert sonst Verderbliches konserviert, nicht damit ihr einfach nur als Geschmacksverstärker dient für die Feinschmecker und Genießer. Noch weniger gibt es dieses Salz einfach für das Aufpolieren von Glanzseiten der Prominenz und für das Abstrahlen von Prunkbauten. Und manchmal braucht Gott eine gehörige Ladung Salz, um den Machtgierigen und Gewinnsüchtigen ihre Suppe auch einmal gehörig zu versalzen.

Die Kirchen werden wieder gesund, wenn sie sich so verhalten, wie Jesus es von ihnen erwartet. Dann wachsen sie auch wieder, nehmen an Gewicht und Kraft zu. Mit weniger sollten wir uns alle nicht zufrieden geben.

Kurantrag für die Kirchen

Im Juli habe ich an dieser Stelle über "die Krankheit der Kirchen" geschrieben. Ihre Verhaltensweisen und ihre Verhältnisse würden ihrer Bestimmung auf gefährliche Weise nicht entsprechen. Bleiben wir im Bildbereich von "Krankheit", dann können wir das Folgende als Vorschläge für eine erste "Kur" beschreiben. Die "Krankheit" der Kirchen lässt sich in ihren Ausmaßen nur als "Epidemie" begreifen. Betroffen sind große Teile der Kirchenmitglieder. Es geht also mehr oder weniger uns alle an. Sind Sie, liebe Leser, darauf gefasst?

Zuerst, hauptsächlich und überhaupt kommt es für die meisten von uns Kirchenmitgliedern darauf an, uns wieder an einen persönlichen und alltäglichen Umgang mit der Bibel zu gewöhnen. Die Bibel ist vielen von uns so fern gerückt und fremd geworden. Wir sind vielleicht abgeschreckt worden durch eifernde Fundamentalisten und engherzige Dogmatiker. Auch wird in den Kirchen vielerorts noch sorglos ein anachronistischer Buchstabenglaube kultiviert und selbstgefällig eine autoritäre Amtlichkeit vorgeführt. Solcher Missbrauch der Bibel darf uns aber vom Gebrauch der Bibel nicht abschrecken!

Gehen wir alle erst einmal wieder ran an die Bibel - lesen können wir ja schließlich! Und trauen wir unserer eigenen Meinung und Erfahrung dabei einiges zu - vernünftig und lebenserfahren sind wir ja auch! Nehmen wir dann die Bibel innerlich mit dorthin, wo wir im Alltag Menschen begegnen, wo wir unsere Arbeit machen oder nach Arbeit suchen, wo wir Gemeinschaft gestalten und wo wir unser persönliches Schicksal zu tragen haben!
Ein humorvoller Theologe hat mir auf mein Bild von der "Verhaltensstörung der Kirchen" hin mit einem schönen Vergleich weitergeholfen: Es gibt eine krankhafte Angst vor Hunden, vielleicht aus schmerzhaften Erfahrungen. Das lässt sich mit Verhaltenstherapie behutsam beheben. Erst wird ein kleines Hündchen aus Porzellan oder Plüsch weit entfernt aufgestellt, dann immer näher und größer. Schließlich wird ein lebendiges Hündchen aus der Ferne angeschaut, dann immer näher und größer, endlich mit Streicheln berührt und an der Leine

ausgeführt. Wenn das wieder geht, darf es dann ein größerer Hund sein, bei Überwindung der Scheu dann im persönlichen Umgang auch wieder ohne Leine.

Machen wir es mit der Bibel doch ähnlich! Gewöhnen wir uns allmählich wieder an sie, zunächst mit einzelnen Bibelworten und Geschichten. Und fangen wir damit ganz klein an, in unserem Alltag, mit unserem persönlichen Leben! Die Kirchen werden ihre Krankheit überwinden, wenn die meisten ihrer Mitglieder wieder zu einem persönlichen und lebendigen Umgang mit der Bibel zurück gefunden haben.

Angst oder Sehnsucht

(zum 24./25. 06. 2000)

Wie kann man Menschen dazu bringen, mit ihren Gefühlen den Weg zu Gott zu suchen? Seit alters her gibt es hier zwei Methoden. Zum einen bietet sich da an das Prinzip "Angst": Drohende Konsequenzen werden aufgezeigt, Auswege eindringlich vor Augen gestellt, Entscheidungen unmittelbar angemahnt. Für diese Methode steht am Anfang des Christentums Johannes der Täufer, ein wortgewaltiger Bußprediger, eine asketische Gestalt. Es geht aber auch anders. Das Gegenteil ist das Prinzip "Sehnsucht": Aus einem schönen Erlebnis wächst der Wunsch nach glücklichem Leben. Aus einer sinnvollen Tat wächst die Einsicht für richtiges Tun. Für diese grundsätzlich andere Methode steht am Anfang des Christentums Jesus von Nazareth, ein in Galiläa überzeugender Lebenskünstler, eine umgängliche und bezaubernde Erscheinung.

Angst oder Sehnsucht, furchterregende Bußpredigt oder feierlich bezaubernde Feste, Johannes der Täufer oder Jesus Christus? Das Christentum hat beides miteinander verbunden. Schließlich sind Johannes der Täufer und Jesus Christus ja am Ende beide hingerichtet worden. Und lässt sich aus beiden nicht so etwas wie ein Zwei-Stufen-Zugang zu einer persönlichen Lebenswende machen: im Vorlauf die Bußpredigt, als Fortsetzung das Feiern? Müssen nicht Urkräfte der Angst wirksam werden, damit ein Mensch seine Lebensweise ändert? Läuft nicht liebevolles Feiern immer Gefahr, belanglos zu bleiben und missbraucht zu werden?

Heute am 24. Juni denken wir an Johannes den Täufer. Es ist "Johannistag". Morgen können wir in Gottesdiensten Bibelworte so ganz im Sinne dieses Bußpredigers hören. Der Prophet Jeremia mahnt Selbstsichere mit dem Gericht Gottes. Jesus sogar droht den Reichen, die sich ihrer sozialen Verantwortung entziehen, dass sie in der Hölle schmoren werden. Also doch erst einmal "Angst" und nur für die Bekehrten dann "Sehnsucht"?
Ich meine, die Bezüge müssen klar unterschieden werden.
Johannes der Täufer ist der Mann für unsere "Hände", für unsere Handlungen. Da sollen wir schon etwas ängstlich sein, ob wir das Richtige tun, ob wir uns nicht in der Wahl unserer Mittel vergreifen, ob wir nicht Wesentliches versäumen. Gott wird am Ende unser Lebenswerk richten, was daran gut war und was böse.
Jesus Christus aber ist der Mann für unser "Herz", für unser Vertrauen in das Leben und das Hoffen auf Gott. Da reicht unsere Sehnsucht nach Geborgenheit und Vergebung, nach Frieden und Erlösung. Gott wird wohl unser Lebenswerk richten, aber er wird unsere Seelen retten.

Dort, wo wir im Leben stark sind, mag "Angst" aufmerksam machen. Insgesamt und letztendlich aber bleiben wir bedürftige und ganz auf Gott angewiesene Menschen. Für das Eigentliche und Bleibende reicht daher die "Sehnsucht".

Johannes der Täufer - Aufstieg und Fall eines Aufrechten

Jetzt am Sonntag ist "Johannis-Tag". Was wir von Johannes dem Täufer wissen, ist schnell erzählt. Er stammte aus der Familie eines untergeordneten Priesters und war etwa gleichaltrig mit Jesus. Von Haus aus wuchs er in einer lebendigen Frömmigkeit auf, freilich mit einem unduldsamen Gespür für Unrecht und Gewalt. Er trat hervor als Bußprediger. Er ließ sich hinreißen, Macht, Reichtum und lieblose Frömmigkeit offen zu kritisieren. Den aufwendigen Tempelkult entlarvte er als moralisch wirkungslos. Die selbstgefällig unmoralische Lebensweise des Provinzkönigs prangerte er an.
Das kam zunächst bei den meisten gut an. Endlich mal einer, der den Mund aufmacht und das herrschende Unrecht beim Namen nennt. Und Johannes beeindruckte, weil bei ihm Worte und Verhalten zusammenpassten. Der strenge Bußprediger lebte kärglich, abseits von den Kompromissen der alltäglichen Kultur. Das fanden viele glaubwürdig. So scheuten sie auch

nicht den weiten Weg in die Wüste, sondern liefen ihm zu, ließen sich taufen und verbreiteten seine Wahrheit: lebendige Gerechtigkeit rettet allein, nicht lahmer Glaube. Das war der Aufstieg des Johannes.
Dann aber der Fall, der Absturz aus diesem Höhenflug. Die Kritisierten konnten den Kritiker mundtot machen. Da er ein aufrechter und kompromissloser Mann war, musste man ihm dazu den Kopf abschlagen.

Aufstieg und Fall von Propheten: Was bewirkt immer wieder solchen verhängnisvollen Umschwung? An den Kritisierten liegt es nicht. Die sind ja von Anfang an dagegen. Ist es eine Energiekrise bei den Kritikern selbst? Es mag etliche Kritiker geben, die verlieren unter den Widersprüchen und Widerständen der Kritisierten allmählich ihre persönliche Spannkraft. Sie geben klein bei und versetzen sich in den prophetischen Vorruhestand. Die eigentliche Ursache liegt aber bei der Mehrheit der Menschen. Deren Zulauf macht die Kritik wirkungsvoll, zugleich unangreifbar. Deren Abkehr macht die Kritik fragwürdig und für die Kritisierten ohne Risiko angreifbar.
Was dreht den Zulauf in Abkehr um? Was macht aus einem "Hosianna" ein "Kreuzige"? Der Umschwung der Gewissen geschieht immer dann, wenn aus einem ansehnlichen Zulauf eine anstrengende Unterstützung werden müsste, wenn die Begeisterten sich ein Herz fassen und als Mehrheit selbst für die Wahrheit einstehen müssten. Da verlässt dann die vielen Gutwilligen der Mut. Daraufhin werden aus Propheten mit furchtbarer Regelmäßigkeit Märtyrer, bis heute und leider auch noch weiter.
Heiliger Johannes - armer Johannes, arme Menschheit!

Nur die Mystik kann die Kirchen noch retten

(zum 18./19. 08. 2001)

Nehmen Sie das Sichtbare an den Kirchen nicht zu ernst! Die aufwendigen Gebäuden und feierlichen Riten sind doch nur äußerlich. Tradierte Texte, liturgische Ordnungen und berufene Kirchenbeamte, alles das sind bestenfalls Hinweise und Merkzeichen für Augen und Ohren, für das Nachdenken und Überlegen. Das hilft nämlich noch nicht dem Herzen, und die Seele wird auch noch nicht satt davon.

Denn die Kirchen stecken mit ihren sichtbaren Einrichtungen in einer dauernden Krise. Was eigentlich verschiedene Menschen miteinander verbinden soll, trennt die Konfessionen auf beschämende Weise: Die rituelle Mahlgemeinschaft mit Christus wird als Vereinsfeier von Evangelischen und Katholischen fein säuberlich getrennt. Und was uns im Rückblick auf die Ursprünge zusammenführen müsste, gestaltet sich zu einem Jahrmarkt kirchlicher Eitelkeiten: Die Glaubensdenkmäler im Heiligen Land werden wie Besitztümer der Konfessionen verwaltet. Die Glaubensformen der Kirchen, die sich Zeichen der sichtbaren Einheit verweigern, machen die einzelnen Kirchen unglaubwürdig.

Und das betrifft das Christentum überhaupt in seinen Umgangsformen mit anderen Religionen. Ich kann hier mit Blick auf das zerstrittene Jerusalem von Juden und Muslimen nicht fordern, was wir Christen von uns aus kaum übers Herz bringen: den einen Gott, den wir Christen als Vater Jesu Christi begreifen, zugleich auch von den Muslimen als Allah verehrt und von den Juden als HERR, als Gott Abrahams, Isaaks und Jakobs angebetet zu glauben. Gotteshäuser müssten allen Gläubigen heilig sein.

Über die sichtbaren Unterschiede und leidvollen Gegensätze hinweg braucht es die gemeinsame Ehrfurcht, aus der Tiefe des Herzens heraus, mit dem Vollklang einer andächtigen Seele: überall ist GOTT und jede Glaubensform ist ein Dialekt der religiösen Ursprache.

Das kann nur die Mystik andeuten, unbeholfen mit Worten und manchmal eher mit einem ehrfürchtigen Schweigen. Jesus selbst steht auf der Seite der Mystiker gegen allen konfessionellen Kleinglauben. An diesem Sonntag, wo die Kirche an die Heilsgeschichte Gottes mit Israel erinnert, werden in den evangelischen Predigten die Worte Jesu zitiert: "Gott ist Geist, und die ihn anbeten, die müssen ihn im Geist und in der Wahrheit anbeten" (Joh 4,24). Möge sich die höhere Wahrheit Jesu in den Gottesdiensten mit Weitherzigkeit und mystischer Offenheit auswirken!

Im Toreingang Johannisstraße 14 haben Jugendliche grimmig-bitter die Kreuzigung dieses Heiligen Geistes mit einem Bild angeprangert. Leider haben sie damit allzu oft recht.

Friedensethik für Christen

(zum 1. / 2. 09. 01)

Nach dem zweiten Weltkrieg endlich kam es zu der klaren Einsicht: "Krieg soll nach Gottes Willen nicht sein". Christen hatten dazugelernt: Was Soldaten im Krieg auf Befehl hin anrichten, alles Besetzen und Zerstören, Verletzen und Töten, das ist gegen Gottes Willen, darf sich nicht auf ihn berufen. Die Inschrift auf dem Koppelschloss "Gott mit uns" ist eine der größten Glaubenslügen gewesen. Es gibt keinen gottwohlgefälligen Krieg. Gott ist dagegen, leidet auf der Seite der Opfer und lässt Krieger schmählich untergehen, damit Frieden sich wieder aufrichten kann.

Diese friedensethische Einsicht kommt in der Bibel erst allmählich zum Vorschein. Im Alten Testament wird da und dort erzählt, Gott selbst habe Kriege geführt und Kriege angeordnet. Für das Glück seiner Auserwählten habe er Vertreibung und Tod anderer billigend in Kauf genommen. Die Propheten mit Machtkritik und Gerechtigkeitssinn haben jenes Gottesbild schon im Alten Testament als gottlose Einbildung verdächtigt. Erst Jesus im Neuen Testament allerdings macht für den Gottesglauben und die Friedensethik eindeutig klar: Was immer in grauer Vorzeit auch geglaubt und getan worden ist, von nun an gilt eindeutig die Aufgabe, "Frieden auf Erden" als Versöhnung der Verfeindeten anzustreben. "Gerechtigkeit für alle", "täglich Brot" für jedermann, "keine Gewalt" und leidensbereites, "barmherziges" Entgegenkommen, so klingt das in der Bergpredigt, dem Grundgesetz christlicher Ethik.

Kann man da als Christ Soldat sein? Vom christlichen Glauben her geht das eigentlich nur mit schlechtem Gewissen, und das lässt sich mit Befehlen und Mehrheitsentscheidungen auch nicht beruhigen. Was Soldaten nämlich mit Waffen und Gewalt anrichten, schafft keinen Frieden, macht dazu nicht einmal einen Anfang. Allenfalls kann ein sich drehendes Karussell von Gewalt einmal mit Gewalt für einige Augenblicke angehalten werden. Wenn dann die Ursachen von Gewalt nicht sofort nachhaltig friedlich und gerecht überwunden werden, beginnt sich jenes Karussell bald und dann furchtbarer wieder zu drehen. Soldaten sollten wissen: Sie kommen immer dann zum Einsatz, wenn zuvor Politiker allzu selbstgefällig und Wirtschaftsunternehmer allzu gewinnsüchtig sich aufgeführt haben.

Wie bringt man Soldaten, Befehlshaber, Bürger und Bürgermeister zu diesen friedensethischen Einsichten? Sicherlich nicht mit Gewalt. In den Bibelworten und Geschichten der evangelischen Gottesdienste wird geschildert, wie man Menschen die Augen öffnen kann: behutsam und zart, verständnisvoll und liebenswürdig, mit Gottes Geist und Hilfe.

Leitbilder für das Leben

(zum 22. 03. 02)

Welche Rolle spielt das gefühlvoll Religiöse im tatsächlichen Leben? Welchen Stellenwert besitzt das christliche Gedankengut im Denken und Handeln unserer Bevölkerung? Welche Überzeugungskraft haben Erzählungen von Jesus bei persönlichen Entscheidungen von Christen heute?

In den Gottesdiensten an diesem Sonntag geht die Werbung für den Glauben aufs Ganze. Vor Karfreitag und Ostern deutet der "Palmsonntag" an, wie christlicher Glaube im tatsächlichen Leben eigentlich ankommen sollte: Jesus wird begeistert aufgenommen, seine Weisheit wird für das Denken und Handeln ernstgenommen, seine Verhaltensweise wirkt als Vorbild.

Wonach richtet sich unser Leben aber wirklich? Schon die Zahl der Gottesdienstbesucher wird zeigen, wie wenig die große Mehrheit der Bevölkerung an Glaubensversammlungen und kirchlichen Kundgebungen interessiert ist. Und auch den Kirchgängern fällt es ja schwer, in ihren alltäglichen Entscheidungen sich Jesus immer zum Vorbild zu nehmen. Schauen wir auf den Gang der politischen Ereignisse, blicken wir auf die Wege der Betriebswirtschaft und Börsengeschäfte - was davon sieht Jesus ähnlich, wo fallen da christliche Gebote auf? Ja, über weite Strecken scheint überhaupt der platte Materialismus zu regieren, ohne jegliches religiöse Zartgefühl, ohne jegliche mitmenschliche Rücksichtnahme.

Der Kirchentag in Frankfurt/Main 2001 hatte aufgeblasene Christusfiguren auf Kaufhäuser und Banken gesetzt. Schon damals scheuten sich die meisten Christen aber, anklagend mit dem Goldenen-Kalb-Symbol den Wirtschaftspalästen gegenüberzutreten. Nun soll folgerichtig eine repräsentative Kirche neben einer Bank abgerissen werden und den Baugrund für einen selbstgefälligen Wirtschaftsbau abgeben.

Und doch wird an diesem Sonntag in den Kirchen wieder Jesus als Leitbild für Glauben und Leben uns vor Augen gehalten. Damit möchte sich eine Gegenkultur zu Wort melden, auf uns Eindruck machen und uns in Bewegung bringen. Uns wird nahegelegt, Wünsche und Ansprüche an das Leben neu zu überdenken. Wir werden angeregt, Winkelzüge gewissenloser Machtpolitik zu durchschauen. Uns wird zugemutet, eigene Möglichkeiten nach der Lebensart von Jesus zu verwirklichen. Lassen wir uns davon leiten, werden wir menschenwürdige und gottwohlgefällige Auswege finden. Wie wär´s?

Bescheidener Glaube ist gemeinschaftsfähig

(für 29./30. 06. 02)

Wer sich selbst genug ist, wirkt überheblich und unausstehlich. Damit dem christlichen Glauben das möglichst nicht passiert, wird bei ihm viel von der "Gnade Gottes" geredet. Fassen wir einmal vier Stufen der Bescheidenheit ins Auge, mit denen der Glaube an Umgänglichkeit und Liebenswürdigkeit gewinnen kann.

(1) Ohne Mühe bekennt sich christlicher Glaube zur Gnade des Beginns. So wie Kinder ihr Entstehen nicht sich selbst verdanken, werden Christen ihren Glauben als Geschenk von Gott her begreifen. Das macht sie dankbar und bescheiden im Rückblick auf die Grundlagen und Anfänge ihres Glaubens.

(2) Schwerer fällt es Christen schon, bei der tätigen Ausgestaltung ihres Glaubens bescheiden zu bleiben. Sie geben sich redlich Mühe, setzen einiges an Kraft und Zeit ein, können meist auch auf einige Erfolge verweisen. Sollte das alles nur "Gnade Gottes" sein, nicht auch eigene Leistung? Muss man gleich sämtliche Versäumnisse und Verfehlungen dagegenhalten, um nicht selbstgerecht und hochmütig zu werden? Als ob es hier um Bilanzen ginge! Wirklich bescheiden bleibt doch, wer das eigene Tun ganz vom Zauber des Lebens her begreift. Da sind Himmel und Erde, Sonne und Wind, Wasser des Lebens in uns und um uns herum, Luft in unseren Lungen und auf unsrer Haut. Wo hört Gott auf, dass der Mensch mit etwas ganz

Eigenem sich hervortun könnte? Religiöses Lebensgefühl kann gerade auch eigene Leistung dankbar als Wirkung Gottes bewundern.

(3) Leichter wird es wieder am Ende, im Erinnern des ganzen Lebensweges. Martin Luther, der gewiss viel für Glauben und Kirche geleistet hat, begnügt sich zuletzt mit der bescheidenen Feststellung: Wir sind Bettler, das ist wahr! So dürfen wir schließlich unser ganzes Leben in Gottes Hand legen, vertrauensvoll, selbstkritisch und bescheiden. Gott möge mit seiner Gnade das Gute vollenden und das Schlechte vergeben.

(4) Gegenwärtig haben Christen und Kirchen die meisten Probleme, von der "Gnade Gottes" in Hinsicht auf fremde Glaubensformen zu reden. Schwer fällt es schon, Gottes Gnade in den anderen Konfessionen, ob nun katholisch, orthodox, lutherisch, reformiert oder pfingstlerisch, sich ohne Einschränkung vorzustellen. Erst recht wird es für Christen schwierig, Gottes Gnade auch in anderen Religionen und bei Lebenswegen von Nichtreligiösen am Werk zu sehen. Diese religions-ökumenische Bescheidenheit brauchen wir aber als Christen, um global umgänglich und förderlich zu wirken. Gott gebe auch dazu seine Gnade!

Reichtum verpflichtet!

(für 27. 07. 02)

Es wird allerhöchste Zeit, dass wir alle wieder vernünftig werden. Ich meine damit unsere Ansichten und Wünsche zum Reichtum. Fast sind wir alle ja verführt worden, bei Reichtum nur noch an wachsende Gewinne zu denken, an steigende Aktienkurse, an Rentenerträge und Wohlstandssicherung. Und immer sollte es sich um uns selbst drehen. Kinder drehen sich so um sich selbst, bis ihnen schwindlig wird und sie meinen, die ganze Welt kreist nur um sie.

Die sinkenden Börsenkurse, die verfallenden Aktienwerte, die nun wirklich dümmlichen Kommentare von den Finanzmärkten, aber erst recht das abstoßend unsoziale Verhalten von Großverdienern in der Öffentlichkeit - alles das kann uns wieder den Kopf geraderücken, unser Herz und Gewissen aufwecken.

Da trifft der Leitspruch in den evangelischen Gottesdiensten an diesem Sonntag hoffentlich auf offene Ohren: "Wem viel gegeben ist, bei dem wird man viel suchen; und wem viel anvertraut ist, von dem wird man umso mehr fordern." Reichtum hat nicht in erster Linie einen privaten Vergnügungswert, sondern eine soziale Verantwortung. Gewinne sind nicht einfach nur ein persönlicher Glücksfall, sondern mit gesellschaftlichen Aufgaben verbunden. Immerhin steht das sogar in unserer Verfassung: "Eigentum verpflichtet. Sein Gebrauch soll zugleich dem Wohle der Allgemeinheit dienen" (Artikel 14, Absatz 2). Reichtum verpflichtet also. Mehr noch: solange es unmenschliche Armut gibt, trägt jeder Reichtum den Makel der Unmenschlichkeit an sich.

Das meint das Bibelwort, aber eben auch noch mehr. Das Zusammenleben braucht ja auch noch andere Reichtümer als Geld und Gut. Da sind Kraft und Gesundheit, die helfen können. Da sind Bildung und Erfahrung, die für andere nützlich sind. Da sind Zeit und Geduld, die heilsam wirken. Da sind zwei freie Plätze in der Sitzecke, für Gäste gut geeignet. Da sind eine fröhliche Art und ein frischer Mut, ein verständnisvoll feines Ohr und ein liebevoll weites Herz, Lebenselixiere für Betrübte, Zweifelnde und Einsame.

Reichtum verpflichtet! Schauen wir mal, was wir so reichlich haben, dass es auch noch für andere reicht. Bleiben wir nicht auf unseren Begabungen habgierig sitzen, sondern bringen wir uns ein mit dem was nötig ist und hilft. So kommen wir ins Geschäft bei der Heilsgeschichte Gottes. Da können wir alle nur gewinnen an Segen und Leben, an Friede und Freude.

Wahrheit erkennen und bekennen

(zum 11. 01. 03)

"Was ist Wahrheit?", so wird Jesus von seinem Richter Pontius Pilatus gefragt. "Wahrheit" ist in den Augen des Pilatus nicht das höchste Lebensziel. Wenn es um Macht und Gewinn geht, gehört es für Pilatus zum Geschäft, überzeugend lügen und erfolgreich tricksen zu können.

Jesus dagegen setzt sich für die Vorherrschaft der Wahrheit ein. Dabei geht es nicht einfach darum, beim Reden sachlich richtig zu sein. Die Frage von Reden oder Schweigen, die Wahl der Worte und die beabsichtigte Wirkung sind nicht oberflächlich von den Tatsachen her zu verantworten. Es geht bei der Wahrheit tiefgründiger um die Liebe zum Leben. Wahrheit hilft zu überleben zwischen Fakten und Vorgängen. Und Wahrheit hilft zusammenzuleben mit den

Menschen, die Vertrauen suchen und Klarheit brauchen. Wahrheit erschließt sich nicht mühelos. Vorbehaltlose Neugier hat es schwer gegen selbstgefällige Trägheit. Und hilfreiche Aufklärung trifft oft auf eigensüchtige Interessen. In den Wissenschaften heißen darum der Lernende "Student" (lateinisch: eifrig bemüht sein) und der Lehrer "Professor" (lateinisch: öffentlich tapfer aussprechen und bekennen). Dazu gehört schon ein Stück Selbstüberwindung, dann für etliche Zeit auch Mut und Leidensbereitschaft.

In unseren Tagen wird es lebenswichtig, die Wahrheit über den so offensichtlich angestrebten Irak-Krieg herauszufinden und hochzuhalten. Die meisten Kirchen in Europa und den USA sind sich einig, darüber hinaus sich grundsätzlich der Wahrheit von Krieg und Frieden neu zu stellen. Immer mehr setzt sich die Erkenntnis durch, in unserer zunehmend globalisierten Welt seien Kriege inzwischen ein lebensbedrohlicher Anachronismus geworden. In Wahrheit können Konflikte nur noch mit Menschenrechten und verantwortlichen Polizei-Methoden gelöst werden. Diese friedensethische Wahrheit zieht aber die anderen, derzeit noch unbequemen Wahrheiten nach sich, wonach es um globalisierte soziale Gerechtigkeit und um eine weltweit zukunftsfähige Ökologie geht. Gewinneinbußen und Machtbeschränkungen sind dazu erforderlich, was natürlich die gegenwärtigen Nutznießer und Machthaber überhaupt nicht freut.

Die Bibellesungen in den evangelischen Gottesdiensten rufen dazu auf, für Glauben und Gerechtigkeit persönlich einzutreten. Widerspruch und Widerstand zu den derzeit herrschenden Verhältnissen sind keine Einwände, sondern Anzeichen der Wirksamkeit und Wahrheit.

Visionen gefällig?

(zum 15. 03. 03)

"Die Mächtigen unserer Zeit haben keine Visionen", so klagen derzeit aufmerksame Beobachter und Kritiker des Zeitgeschehens. Hat es das zu anderen Zeiten aber jemals gegeben: Mächtige mit Visionen? Wohl kaum! Was Mächtige allenfalls haben können, wenn sie ihre Fantasie nicht verloren haben, sind Träume, eben Wunschträume oder halt Albträume. Sie träumen dann selbstgefällig oder selbstmitleidig, was aus ihnen und ihrer Macht werden kann. Vor dem inneren Auge von Mächtigen erscheint die Zukunft lediglich in Kriegszügen und Paraden, in Zinseszinsrechnungen und Börsenkursen, in Soll und Haben, Sieg oder Niederlage, Karriere oder Katastrophe. Das ist in Staaten und Konzernen so, in anderen autoritären Bereichen und Beziehungen, in Gruppen und nicht zuletzt auch in religiösen Gemeinschaften oder Kirchen.

Visionen vertragen sich nicht mit der Macht. Damit sie entstehen und sich entwickeln können, brauchen Visionen eine freischwebende Vernunft, viel uneigennützigen Sinn für soziale Zusammenhänge und ein hellwaches Gewissen mit Freude an Recht und Gerechtigkeit. In der Bibel wird von Propheten mit vielen Visionen erzählt, während Königen und Hohepriestern höchstens mal der eine oder andere Traum nachgesagt werden kann. Josef wird als Visionär geschildert, Jesaja und Jeremia, erst recht Jesus. Wir staunen noch heute über deren Visionen. Wenn wir uns in die prophetischen Erzählungen hineinlesen, ja hineinversetzen, dann können sich für uns manchmal Visionen formen, zeitgemäß und passend für unsere Verhältnisse. Andere finden auch ohne Bibellesen zu atemberaubenden Visionen von einer menschenwürdigeren Welt, von gerechteren Wirtschaftsformen, von einem friedlicheren Zusammenleben der Völker und der eigenen Bevölkerung miteinander.

Visionen gefällig? Vorsicht! Visionen sind zu jeder Zeit und in allen Verhältnissen die gefährlichste Form menschenfreundlicher Fantasie. Gegenwärtige Machthaber mit ihren Programmen und Methoden erscheinen dann oft als die Ewiggestrigen. Gegenüber prophetischen Visionen sehen eigensüchtige Machthaber ziemlich alt aus, langweilig und irgendwie lächerlich. So leicht lassen sie das aber nicht mit sich machen. Sie setzen alle Hebel in Bewegung, visionäre Machtkritiker mundtot zu machen, so oder aber so. Etliche lassen sich kaufen, andere können öffentlich unschädlich gemacht werden, die Widerstandsfähigen muss man dann doch ermorden. Nur Idealisten kommen auf die Idee, Visionen zu veröffentlichen und dafür Leiden in Kauf zu nehmen.

Herbstzeit auch in den Kirchen

(zum 25. 10. 03)

Nun ist es richtig Herbst geworden: Die Blätter täuschen mit Farben nicht länger über ihr Absterben hinweg, sie fallen unaufhaltsam ab. Die Tagessonne vermag die Nachtkälte nicht zu entkräften. In Höhenlagen zeigt sich Schnee und in zugigen Niederungen bildet sich Eis. Die Pflanzen trauern dem Sommer nach. Die Tiere ahnen den nahenden Winter. Die Menschen stellen sich auf kritisches Wetter ein, legen wärmere Kleidung bereit und sorgen für die Heizung.

Diese Jahreszeit passt gut als Vergleich, was mit der Zeit auf die Kirchen zukommt. Auch die Kirchen werden sich warm anziehen müssen, wenn sie das kältere Klima und die härteren Verhältnisse gesund überstehen wollen. Etliche liebgewordene Gewohnheiten, ja auch einige altehrwürdige Traditionen werden wohl nicht zu halten sein. Der Mangel an Geld ist nur Anzeichen für einen Mangel an Interesse und Einsatzbereitschaft von Menschen. Die religiösen Gedanken und Gesten der Kirchen begeistern immer weniger Leute. Die heiligen Gebote und ethischen Werte werden in der Gesellschaft immer weniger berücksichtigt. Und wo die Kirchen einmal größeren Zulauf bekommen, werden Menschen meist von ihren Wünschen und Gefühlen bewegt, weniger von der Suche nach den unbequemen Wahrheiten des Glaubens.

Von der Wintermode sollten die Kirchen freilich lernen, wie das Glaubensleben bei einer solchen ungläubigen Wetterlage überwintern kann. Zweckmäßige Kleidung meint: die unsolidarische Kälte und geldgierigen Stürme nicht hautnah an sich herankommen lassen. In aller Öffentlichkeit schützt der Mantel der biblischen Wahrheiten vor Erkältung. Ehrfurcht gerade auch vor werdendem und sterbendem Leben als Handschuh hält die Hände und das Handeln liebevoll warm. Schließlich erlauben mit Heiligem Geist gefütterte Winterstiefel, auch ungewohnte und von Vorurteilen verschneite Wege zu wagen.
Solche Herbststimmung in den Kirchen muss nicht depressiv oder gar pessimistisch sein. Man darf halt die Hoffnung auf einen künftigen Frühling nicht verlieren. Auch sollte man selbstbewusst bleiben, im Dunkeln Lichter anzuzünden, Feste zu feiern und allabendlich enger zusammenzurücken, in den Familien, mit Bekannten und Nachbarn, unter Glaubensgeschwistern und unterschiedlichen Gemeinden.

Richten wir uns also auf die schwierigen Verhältnisse ein, damit wir gesund und munter auf künftige Zeiten zugehen! Nach kirchengeschichtlichem Herbst und Winter wird es auch wieder frühlingshafte Verhältnisse und sommerliche Zeiten geben. Mit Gott!

Biblisches Loblied auf die Esel

(Advent 2010)

Sie tragen die Last, die man ihnen auferlegt, mit starkem Einsatz ihrer Kräfte. Sie wagen sich auch auf schwierige Wege, wo jeder Schritt und Tritt beschwerlich wird. Sie verlieren nicht Sinn und Verstand, wenn Voreilige sie ungeduldig antreiben. Sie achten auf ihr inneres Maß von Ruhe, selbst auf die Gefahr hin, als störrisch zu gelten. Sie mühen sich, Hilfsbedürftigen zu helfen, selbstlos nach außen - stolz nach innen, mit dem untrüglichen Gefühl, etwas segensreich Gutes zu tun.

Als Bileam, der wankelmütige Prophet, den Frevel segnen und dem Heil´gen fluchen sollte, da war er blind für Gottes Widerstand, und nur sein Esel sah den Todesengel, der ihm den Weg versperrte. Der Esel versuchte, dem Hinterhalt auszuweichen, und wurde als hinterhältig beschimpft. Der Esel verweigerte jeden weiteren Schritt, und wurde daraufhin unweigerlich geschlagen.

Als damals die schwangere Maria von der rücksichtslosen Regierung zur Reise nach Bethlehem gezwungen war, trug ein Esel sie über ihre Müdigkeit hinweg.

Als dann die Mutter Maria mit ihrem Jesuskind, bedroht vom mörderischen Machthaber Herodes, durch Josef zur Flucht gedrängt wurde, machte ein eilfertiger Esel das rasche Entkommen erst möglich.

Der Samariter in der Lehrgeschichte Jesu leistete dem Schwerverletzten Erste Hilfe. Nur mit seinem Esel aber konnte er ihn retten. Behutsam und barmherzig ertrug er ihn auf dem weiten Weg zur heilsamen Herberge.

Als später der selbstbewusste Jesus die stolze Stadt Jerusalem erobern wollte, in friedlicher Absicht und freundlichem Geist, da half ihm ein Esel beim Einzug, an das Prophetenwort sinnreich zu denken.

Wo Pferde die hochmütige Macht voranbringen und Kamele den gewinnsüchtigen Reichtum befördern, da dienen Esel dem Menschlichen und Göttlichen stark und tapfer, klug und geduldig. Ein Lob den Eseln! Und ein Dank ihrem Schöpfer!

Von den Vorzügen des Kamels

(Weihnachten 2010)

Die Rennpferde werfen ihre schlanken Hufe in die Luft und lachen über die breiten Treter der Kamele. Im Treibsand der Geschichte aber gehen sie jämmerlich unter. Die Kamele hingegen schlurfen mit platten Füßen gemächlich auch über den Sand.

Die Esel spotten mit spitzen Zungen über die schlapprigen Lippen der Kamele. Im Sandsturm der wüsten Zeiten aber dringt der Flugsand in ihre ungeschützten Mäuler. Da knirscht es zwischen den Zähnen und der Hals wird rau. Die Kamele hingegen halten einfach den Mund, rundum abgedeckt und dicht verschlossen. Danach schütteln sie Staub und Sand einfach so ab.

Die Stiere drängen mit dickem Nacken und starken Hörnern die Kamele von ihrem Weg ohne weiteres beiseite. Stolz schnauben sie und strecken selbstgefällig ihre geraden Rücken. Verächtlich wenden sie ihre Blicke ab, angewidert von deren buckligen Höckern. Dann aber geht es durch Dürrezeiten und Hungerstrecken. Entkräftet wanken die Stiere, geschwächt stolpern sie dahin und fallen. An ihnen vorbei ziehen die Kamele, bedächtig und stark. Aus schwankenden Höckern ziehen sie zusätzliche Kräfte.

3. Prophetische Predigtgedanken

Kurze Auslegung von Jes 11, 1-9 zum Friedensgebet am 3. Dezember 2005

Propheten können erklären, was GOTT vorhat und bereits zu tun beginnt, wie GOTT den Bedürftigen und Bedrängten zu Hilfe kommt, wo GOTT den Wohlhabenden und Mächtigen etwas abverlangt. Dabei gehen Propheten aufs Ganze und begnügen sich nicht mit einem kleinen Glück für wenige: „Der ganze heilige Berg“, „das ganze Land“, „die ganze Erde“ und

„alle Völker", „überall" – und „nirgends" Ausnahmen, „nirgends" mehr Freiräume für Sünde und Frevel.

Begeistert und erleuchtet werden Propheten herausgerissen aus dem Gestrüpp der Ausreden, werden Propheten hingeführt zur klaren Erkenntnis: „Weisheit" des Lebens also und „Verstand" für die Zusammenhänge der Gerechtigkeit, „Rat" für Auswege aus Krisen und Katastrophen, „Stärke" für Hilfseinsätze und Widerstand gegen Unrecht und Gewalt, „Erkenntnis" der absehbaren Folgen aus dem gegenwärtigen Tun und Lassen, und endlich „Ehrfurcht" vor dem Leben, dem eigenen und dem der anderen.

Propheten rechnen damit, dass GOTT immer wieder mit Kleinem und Unscheinbarem beginnen muss, weil das Großartige und Mächtige sich stets missbrauchen lässt: „Es wird ein Reis hervorgehen aus dem Stamm", „ein Zweig aus seiner Wurzel". Die Wiege einer neuen Heilsgeschichte steht an Orten wie Bethlehem – nicht Jerusalem. Die Anfänge von Gottes Liebe und Gerechtigkeit liegen in Räumen von Krippen und Ställen, armseligen Herbergen und erbärmlichen Unterkünften – nicht in den Palästen der Macht, nicht auf den Großhandelsplätzen der Gewinne, nicht während der Talkshows und Demonstrationen der Selbstgefälligen, nicht unter den Dächern der Genügsamen und Resignierten.

Propheten nehmen in Kauf, dass sich lieblosen Wölfe ärgern, weil sie auf Lammfleisch verzichten müssen, dass sich gewalttätige Panther albern vorkommen, weil sie der Gewalt abschwören müssen, dass überhebliche Junglöwen widerstrebend das friedliche Zusammenleben lernen müssen, dass habgierige Bären auf ihre fette Beute für satte Gewinne verzichten müssen, dass lebensgefährliche Giftschlangen ihre Freude an Opfern und Kriegen aufgeben müssen. Denn das erstrebte Lebensglück der Lämmer ist kostbarer als der Luxus der Wölfe. Das angstfreie und zufriedene Lebensglück der Wehrlosen und Machtlosen ist segensreicher als die bisherige Kultur des Todes, der Ausbeutung und Unterdrückung.

Hören wir heute die Worte der Propheten und öffnen uns ihrem Sinn für Frieden und Gerechtigkeit, dann hoffen wir auf eine solche Wende zur Menschlichkeit, dann glauben wir an eine solche Revolution der göttlichen Heilsgeschichte, dann lieben wir die Versuche und Anfänge, damit heute zu beginnen mit Worten in Gesprächen und Gebeten, mit Taten in unseren Handlungsmöglichkeiten und persönlichen Verhältnissen.

Predigt im Ökumenischen Gottesdienst am 18. 11. 07

(Volkstrauertag in der St. Leonhard-Kirche von Schwäbisch Gmünd, OT Hussenhofen)

Es war in den Jahren so um 600 vor Christus im kleinen Königreich Judäa um Jerusalem herum, da fühlte sich Jeremia aus Anatoth zum Propheten berufen.

Die amtlichen Priester mit Gottesdienst und Seelsorge beschönigten die bedrohlich gewalttätigen Verhältnisse: Der Jahreskreis bringt Saat und Ernte, Frost und Hitze, Schuld und Vergebung, Suchen und Finden, Fluch und Segen. Mit Gebeten und Opfern aber wird der Leib gereinigt und die Seele geläutert. Also keine Krisen und Katastrophen in Sicht!

Die studierten Weisheitslehrer mit Vorträgen und Kursen beschwichtigten Zweifel und Zukunftsängste: Der Lebenskreis ist vorgezeichnet: erzeugt und geboren, erzogen und gebildet, erwachsen und gereift, hin und wieder erfolgreich, ab und zu gedemütigt, schließlich lebenserfahren und gleich auch schon gebrechlich. Mörderische Kriege wird es immer geben und damit auch Leiden und Trauer. Himmelschreiendes Unrecht wird es immer geben und damit auch menschenunwürdige Armut und erbärmliches Elend. Mit Weisheit und Mut kann man es aber persönlich mit dem Schicksal aufnehmen. Also keine Angst und keine Panik!

Der verträumte und selbstbewusste Prophet Jeremia dagegen verbreitete Verschwörungstheorien und Unheilsvisionen: Wir stehen unweigerlich und unausweichlich in einer Geschichte. Jedes Unrecht wird Unglück nach sich ziehen. Jede Gewalttat und Ungerechtigkeit sät Fluch und Verderben. Nur eine radikale Wende, eine sozial-religiöse Revolution könnte das Verhängnis noch aufhalten, ja abwenden!

Jeremia hoffte damals, den Menschen ins Gewissen reden zu können. Er wollte ihre Herzen erreichen und zu solcher Buße und Besserung anregen. Darum wagte er es, ihnen die Worte Gottes so direkt mitzuteilen, wie er sie in seinem Geist hörte und verstand.

Wir können diesen fast schon verzweifelten Versuch zur Rettung vor dem drohenden Verhängnis in unserer Bibel nachlesen (Jeremia Kap. 8):

4 Du (Jeremia) sollst zu ihnen sagen: So spricht der Herr: / Wer hinfällt, steht der nicht wieder auf? Wer vom Weg abkommt, / kehrt der nicht wieder zurück?

5 Warum wendet dieses Volk sich ab [Jerusalem] / und beharrt auf der Abkehr? Warum hält es am Irrtum fest, / weigert sich umzukehren?

6 Ich horche hin und höre: / Schlechtes reden sie, / keiner bereut sein böses Tun und sagt: /
Was habe ich getan? Jeder wendet sich ab und läuft weg, / schnell wie ein Ross, das im
Kampf dahin stürmt.
7 Selbst der Storch am Himmel kennt seine Zeiten; / Turteltaube, Schwalbe und Drossel
halten die Frist ihrer Rückkehr ein; / mein Volk aber kennt nicht die Rechtsordnung des
Herrn.

Geholfen hat diese dramatische Gottesrede damals nicht. Das kleine Königreich Judäa ist wenige Jahrzehnte an seiner religiösen Selbstsicherheit und seiner habgierigen Ungerechtigkeit zu Grunde gegangen: Krieg, Leiden, Sterben, Flucht, Vertreibung und Unfreiheit. Im Rückblick freilich, nach dem selbstverschuldeten Zusammenbruch, da haben dann Überlebende und Nachfahren diese Jeremia-Worte aufgehoben und überliefert, als Vermächtnis, als Mahnung: Nie wieder! Nie wieder gottlose Dummheit und liebloser Stolz! Nie wieder eigener Hochmut, verbunden mit Demütigung anderer! Nie wieder rücksichtslose Habgier und unbarmherzige Bereicherung! Nie wieder Lebensglück auf Kosten anderer und eine Lebenskultur, die ungerührt über Leichen geht!

Und wenn es doch einmal wieder zu solchem unverantwortlichen Verhalten und damit zu solchen verhängnisvollen Verhältnissen kommen würde, dann sollte diese prophetische Tradition des Jeremia ein Aufwachen der Gewissen bewirken, eine moralische Revolution, d.h. eine Umkehr, eine gesellschaftlich wirksame Reue, Buße und Besserung. Gott würde dann erleichtert und anerkennend sprechen: „Sie sind auf sich selbst hereingefallen, / stehen aber wieder auf! Sie sind vom Weg des Segens abgekommen, / kehren aber wieder zurück!

Und wir heute? Wir trauern zu Recht um die Opfer von Krieg und Gewalt. Wir beklagen zu Recht Unrecht und Ungerechtigkeit von damals. Ungeschehen machen können wir es damit nicht mehr. Es bleibt nur Trauer. Wirklich wichtig aber ist immer nur die Gegenwart, da können wir entscheiden, verändern, bereuen und bessern, Verhängnisvolles aufhalten und drohendes Verderben abwenden. Es würde uns heute helfen, persönlich, kirchlich und gesellschaftlich, wenn wir von diesem Volkstrauertag der wehmütigen Erinnerungen wieder hinfinden würden zu einem gesellschaftlich anerkannten Buß- und Bet-Tag, wo wir selbstkritisch uns heute besinnen und bessern könnten.

Biblische Weisheitsrede im Advent 2010:
Zwischen Bußtag und Ewigkeitssonntag lernen die Engel im Himmel alle Jahre wieder, warum auf der Erde Weihnachten gefeiert wird.

Der Oberstudienratengel Uriel verteilt dann Flugblätter, die fliegen mit ihren geflügelten Worten zu jedem Engel. Die meisten Engel kennen das Blatt bereits in- und auswendig. Doch gibt es immer noch einige lernschwache Engelsgestalten, die auch nach 2000 Jahren noch an einigen Zeilen herum buchstabieren. So lesen sie und singen sie, allein oder auch miteinander, wo sie gerade geruhsam über die Wolkenfelder segeln, aber auch unterwegs auf eiligen Fernflügen:

GOTT war sich am Anfang seiner Sache völlig sicher. Sorglos plauderte ER abends mit Adam und Eva im Garten Eden. ER erfreute sich an ihren Wünschen und sie verstanden seine Vorhaben. Dann aber wurden sie plötzlich eigensinnig und überheblich, IHM gegenüber misstrauisch und für IHN natürlich unerträglich.

GOTT musste ihnen ihren Willen lassen. Und sie lebten fortan in der weiten Welt, ganz auf sich bedacht und ohne religiöse Rücksicht. So vermehrten sie sich über Generationen zu ganzen Völkern, konnten aber das urtümliche Gottvertrauen und die anfängliche Ehrfurcht nicht zurückgewinnen.

GOTT vermisste mehr und mehr den vertrauten Umgang mit den Menschen, auch bedauerte er ihre furchtbaren Fehler und unsinnigen Irrtümer. Seine zornigen Strafen vom Himmel her machten alles nur noch schlimmer.

Da versuchte es GOTT im Guten, bemühte sich bei einzelnen um ihre Freundschaft. ER empfahl sich als Retter in der Not und versprach wunderbaren Segen. Hatte er so einen Stammvater wieder zum Glauben bekehrt, hoffte er auf dessen Vorbildwirkung auf seine Nachkommen. Und wenn erst ein ganzes Volk wieder gläubig zusammenlebte, würde die übrige Völkerwelt, von so viel Herz und Verstand beeindruckt, auch selbst zum Frieden auf Erden zurückfinden, gerecht und lebenstüchtig.

Doch Noah nach der Sintflut war ängstlich und betrunken. Abraham, Isaak und Jakob litten immer wieder unter krampfartigem Kleinglauben. Josef wurde zu fremdländisch und Mose

blieb unnahbar mit seiner jähzornigen Gewalt. So wuchs ein heiliges Volk heran, irrte aber oft auf seinen Wegen, blieb auch den Heiden unheimlich und ärgerlich mit seinem Glauben.
GOTT setzte nun seine Hoffnung auf Machthaber. Wenn er mit heiligem Geist deren Vernunft erfüllte, mit Weisheit deren Herzen lenkte, dann würde sein Wille auf Erden geschehen, mit Herrschern von Gottes Gnaden, von oben herab: Berufene Richter, gesalbte Könige, besonders David und sein Königshaus für immer, dazwischen Einzelkämpfer und Revolutionäre, Statthalter und Priesterfürsten.
GOTT war stets beglückt, wie leicht sich so ein Möchtegernmachthaber gewinnen ließ. Jeder war angenehm überrascht, fühlte sich von GOTT geehrt und bestärkt, versprach auf Treu und Glauben, mit aller Kraft und Macht stets GOTT zu dienen. Kaum aber war einer mit Gottes Hilfe an die Macht gelangt, wurde sein Herz vergesslich, blind und taub für alle göttlichen Worte und Zeichen. Der Gehorsam von Untergebenen betäubte das Gewissen, und die Siege über Unterlegene vernebelten Vernunft und alle Sinne. So ging die Sonne göttlicher Berufung stets unter im Sumpf niederer Herrschsucht. Heilsgeschichtliche Aufbrüche verkümmerten und verkamen stets in Schuld und Schicksal.

GOTT suchte nun sein Heil bei der Bevölkerung: Mitten im Leben, nicht abgehoben überheblich, begabt mit mancherlei, doch immer auch bedürftig und begrenzt, geschickt im Alltag, auch mit Sinn zum Feiern, Leidtragende zumeist von Unrecht und Gewalt, noch immer hungrig auf mehr Frieden und Gerechtigkeit. Vielleicht gelingt das Gute leichter, wenn demokratisch viele sich zusammenfinden? GOTT ließ Propheten wortgewaltig für seinen Willen werben. Bei allem Volke käme Gottes Heilsgeschichte ins Gespräch. Ein breiter Aufstand der Bekehrten würde schließlich alle überzeugen. Von unten würde unaufhaltsam sich entfalten, was die von oben eigentlich nicht wollten.
Doch keinem der Propheten gelang es, das ganze Volk zu überreden. Nach Gottes Willen leben, das schien den meisten nicht vernünftig: „Wie werd´ ich stark, wann werd´ ich reich, wo hab´ ich Spaß und wer liebt mich“, so fragten sie und mühten sich, nur für sich selbst zu sorgen. „Die Armen sind doch selber schuld! Mich kümmert nicht, was Fremde leiden. Wer Mitleid zeigt, hat schwache Nerven und macht sein eignes Glück kaputt“, so höhnten sie. Dagegen fanden Amos und Jesaja kein Gehör für ihre gefühlvoll moralischen Gerechtigkeits-Predigten. Jeremia konnte noch so sehr zu Bescheidenheit und Anstand mahnen, er wurde für seine Untergangsvisionen verspottet und verfolgt.

So ging das Jahre und Jahrhunderte mit Tausenden von tüchtigen Propheten. Auch wo deren Worte von Freunden aufbewahrt und überliefert wurden, zu keiner Zeit kam GOTT zum Zuge mit seinem Frieden in Gerechtigkeit.

GOTT gab seine Pläne dennoch nicht auf. ER erwählte einen besonderen Menschen zum himmlischen Hoffnungsträger mit göttlichen Wirkungen. Der sollte alles auf einmal sein und so einen überwältigenden Eindruck machen: als Prophet der Weisheit und Liebe, als König der Herzen und Gefühle, als Gründer eines heiligen Glaubensvolkes, als göttlicher Nothelfer den Bedrängten und Behinderten. Und damit nur ja kein Schrecken das ganze Land überfällt, wurde er erst einmal bescheiden und bedürftig in einem Stall Bethlehems geboren. Auch wollten die Engel nicht gleich mit einem stolzen Hofstaat den Himmelsprinzen verwöhnen und verherrlichen. Ein paar übernächtigte Hirten und einige hergelaufene heidnische Gelehrte mussten den gestressten und verunsicherten Eltern als Ermutigung reichen.
GOTT ließ es langsam angehen und fing klein an. Behutsam und geduldig wartete ER ab, bis das Jesuskind erwachsen wurde und ausgelernt hatte. Weihnachten damals - das war ein liebevoller und barmherziger Anfang - nicht mehr, aber auch nicht weniger.
Soweit lesen die Engel die alten Geschichten immer wieder gern. Und besonders schön finden sie es, sich an das Original-Weihnachten zu erinnern, damals vor nun so ziemlich 2000 Jahren. Sie hatten gut reden und singen, sahen sie das Jesuskind doch in himmlischer Klarheit. Wie schön war das doch, und wie schön hätte alles werden können!

Heute noch kommt Wehmut auf im Himmel, wenn die Engel an das Ende Jesu denken: all die Wunder konnten die mächtigen Gegner nicht bekehren, all die klugen Worte konnten die Mehrheit nicht zur Einsicht bringen. Da hatten die Engel eigentlich mit einem furchtbaren Strafgericht gerechnet: Wenn schon wegen SEINES rührseligen Versprechens keine Sintflut, dann doch wenigstens so etwas wie bei Sodom und Gomorrha. Doch nein, nicht einmal eine von jenen Plagen, die selbst hartherzige Frevler und Feinde vorübergehend beeindruckten.

Geradezu unheimlich wurde den himmlischen Heerscharen, als der irdisch gescheiterte Jesus bei GOTT einkehrte: Ruhe und Frieden breiteten sich aus, ehrfürchtige Stille und liebevolle Gelassenheit. GOTT nahm den Geist Jesu in SEINE Hände, erfüllte mit ihm alle Räume und Zeiten und sprach: „Solange die Mächtigen nicht liebevoll den Menschen dienen und die

Mehrheiten nicht für gerechten Frieden sorgen, soll die Geschichte Jesu gegenwärtig bleiben als Angebot und Anspruch, doch eines Tages die Wende zu bewirken im Leben aller füreinander."
Die Engel ahnen es seit Pfingsten, das 2010 wieder wirkungslos geblieben ist: „Es wird in diesem Jahr auch wieder Weihnacht sein, wie all die Jahre."

GOTT ist sich nicht zu schade, jährlich sein schönstes Fest zu wiederholen: Eines Jahres muss es doch allen so zu Herzen gehen, dass ihnen die göttliche Logik der Liebe endlich einleuchtet! Einmal muss es auch die Mächtigsten und Reichsten innerlich so ergreifen, dass ihre mitleidlosen Augen ein Einsehen bekommen, dass ihre gierig verkrampften Hände empfindsam und liebevoll werden. Bis dahin heißt es: immer wieder üben, üben, üben! Und mag es noch so halbherzig daherkommen und heuchlerisch klingen - in den Gebräuchen und Gewohnheiten versteckt lauert der Heilige Geist. Solange das stimmungsvolle Fest den unheiligen Alltag mit seinem Unrecht und Elend unterbricht, solange bleibt die Tür zum Aufbruch offen, wo dereinst mit Heiliger Nacht ein Heiliges Jahr beginnt: mit Frieden auf Erden für alle, mit Lebensglück auch den Geringsten, mit Ehrfurcht vor dem Leben und Rücksicht auf die Künftigen.
„Frohes Fest und unzufriedenen Alltag, geruhsame Feier und ungeduldige Hoffnung!"
Das wünscht sich GOTT. Und seine Engel singen es in jede Seele.

(Weihnachten 2010)

Sprich mit dem Engel des Glaubens und hör auf ihn!

Ich rufe den Engel des Glaubens erwartungsvoll: „Besuche mich!" ER aber kommt vorzeitig und stört: „Schlafe nicht länger tief und fest, sondern träume! Ruh dich nicht auf deinen Erfolgen aus, und vergrabe dich nicht in deinen Niederlagen! Breite die Flügel Freude und Furcht aus und fliege über dem Meer des Möglichen! Befreie die Zukunft aus dem Gewöhnlichen und gib ihr die Würde der Wünsche zurück! Träume nicht länger verrückt, sondern wach auf! Vertrau auf die Kraft der Gedanken und gib dem Gewissen zu tun! Weck die fünf Sinne, dazu die Vernunft, und gib der Liebe die Schlüssel! Nimm deine Welt wahr mit Ehrfurcht des Lebens!"

Ich bitte den Engel des Glaubens inständig: „Betreue mich!“ ER aber wendet sich ab und lässt hören: „Liege nicht länger, sondern steh auf!“ Kaum bin ich ein wenig zu Kräften gekommen, ist meine Ruhe vorbei. Aufrecht soll ich dem Schicksal begegnen, mich auf eigene Füße stellen. „Steh nicht länger herum, sondern zieh dich an!“ Ich darf Geschick und Erfahrung anziehen. Mein Eigentum steht zur Verfügung. Beziehungen nützen und helfen. Nicht bettelarm tret ich mein Tagwerk an. Es geht mal wieder um Sinn und Segen.

Ich nehme den Engel des Glaubens bei der Hand: „Behandle mich!“ ER aber wird unleidlich und stöhnt: „Bleib nicht länger zuhause, sondern brich auf! Verlass das Gehäuse deiner Gewohnheit! Deine Wände haben Türen, deine Mauern Tore. Mach dich auf den Weg, Neues zu wagen! Ich stehe dir bei und helfe dir, doch ohne dich kann ich nichts tun. Geistlich unbegreiflich geh ich dir zur Hand, doch weltlich handfest musst du selbst auftreten. Ein Hinweis noch in eigner Sache: Geh nicht länger spazieren, eile zum Ausweg! Die herrschenden Verhältnisse werden nicht halten. Hilf dem Himmel auf Erden, die Zukunft in Würde und Wohlstand für alle zu öffnen! Gib den Propheten der Bibel recht und lass dich vom Geist Jesu Christi leiten!

4. Gebete für Veränderungen des Glaubens

Bitte um den Geist Christi bei widerwärtigen Verhältnissen und widrigem Schicksal

1) Jesus Christus, deiner Liebe ist die ganze Welt unterstellt. Sende deinen Geist dorthin, wo Hass die Herzen verunstaltet und Krieg die Länder verwüstet.
Christus, höre uns - *alle:* Christus erhöre uns.
2) Jesus Christus, deine Gerechtigkeit ist zum Maß geworden für menschenwürdiges Recht und Gesetz. Sende deinen Geist dorthin, wo Gewinnsucht das Leben vermarktet und ruiniert.
Christus, höre uns - *alle:* Christus erhöre uns.

3) Jesus Christus, dein Ruf in die Nachfolge hat Jüngern das Glauben gelehrt und Kirchen bewegt. Sende deinen Geist dorthin, wo Kirchengesetze und Predigtworte unglaubwürdig werden.

Christus, höre uns - *alle:* Christus erhöre uns.

4) Jesus Christus, deine Hand hat Hoffnungslose geheilt an Leib und Seele. Sende deinen Geist dorthin, wo Menschen liegengelassen, abgeschrieben oder gar abgeschoben werden.

Christus, höre uns - *alle:* Christus erhöre uns.

5) Jesus Christus, deine Worte haben Verständnis geweckt für Fremde und sogar Feinde. Sende deinen Geist dorthin, wo Angst vor Fremden und Feinden vorherrscht.

Christus, höre uns - *alle:* Christus erhöre uns.

6) Jesus Christus, dein Leiden und Sterben begründet eine neue Art zu leben. Sende deinen Geist dorthin, wo Leiden unter Schicksal oder Schuld den Glauben bedrängen.

Christus, höre uns - *alle:* Christus erhöre uns.

7) Jesus Christus, dein neues Leben bei Gott spannt den Himmel der Hoffnung über jeden Ort der Erde. Sende deinen Geist dorthin, wo Todesfurcht und Trauer den Glaubensmut überwältigen.

Christus, höre uns - *alle:* Christus erhöre uns.

Bitte um das Notwendige und Heilsame für vielerlei Bedürftigkeit

Liturg: Lasst uns beten für alle Menschen, dass GOTT ihnen allen das jeweils Nötige und Heilsame zu Glück und Segen gibt!

1) GOTT des Lebens und der Liebe, wir bitten …
für die Großen um Verständnis und Umsicht, für die Kleinen um Freude und Mut,
für die Jungen um Kraft zum Wachsen, für die Alten um Weisheit und Güte,
für die Gesunden um Besonnenheit, für die Kranken um Hoffnung auf Besserung,
für die Fröhlichen um Dankbarkeit, für die Traurigen um Zuversicht zu besseren Zeiten.

2) GOTT der Gerechtigkeit und des Friedens, wir bitten …
für die Starken um Erkenntnis sinnvoller Aufgaben, für die Schwachen um Selbstbewusstsein,
für die Reichen um ein soziales Gewissen, für die Armen um Stolz auf ihre Menschenwürde,
für die Gewalttätigen um Einsicht und Selbstbeherrschung, für die Opfer von Unrecht und Gewalt um wirksame Hilfen,
für die Erfolgreichen um Bescheidenheit und Anstand, für die Erfolglosen um Unterstützung und Ermutigung.

3) GOTT des Glaubens und der Hoffnung, wir bitten …
für die Frommen um Bescheidenheit und Toleranz, für die Kleingläubigen um wache Sinne für deine Wunder,
für die Selbstgerechten um Selbstkritik, für die Angefochtenen und Niedergeschlagenen um Vertrauen auf deine Barmherzigkeit,
für die Sterbenden um Gewissheit deiner Erlösung, für die Trauernden um Mut, ihr Leben nun anders weiterzuführen.

Liturg:
Mit Gottvertrauen und Verantwortungsfühl füreinander, miteinander für andere beten und bitten wir mit den Worten von Jesus, damit uns auch sein Geist berührt, bewegt und bewahrt:
Vater unser im Himmel…

Bitte um Glauben, Gerechtigkeit, Frieden, Liebe und Hoffnung

Lasst uns GOTT um Größe bitten für unseren Glauben, dass wir nicht kleinmütig uns vor Schicksalsmächten fürchten, dass wir nicht engherzig Nichtchristen für Christus verloren meinen,
lasst uns gemeinsam zu Gott bitten: *HERR, erbarme dich!*
Lasst uns GOTT um Reichweite bitten für die Gerechtigkeit, dass auch in ärmeren Ländern die Ärmsten noch in Würde ihr Leben gestalten können,
lasst uns gemeinsam zu Gott bitten: *HERR, erbarme dich!*

Lasst uns GOTT um Übermacht bitten für den Frieden, dass die Mächtige endlich Ehrfurcht bekommen vor dem Leben auch der Schwächsten und Geringsten,
lasst uns gemeinsam zu Gott bitten: *HERR, erbarme dich!*
Lasst uns GOTT um Unwiderstehlichkeit bitten für die Liebe, dass Eigensinn und Eigennutz zur Einsicht kommen und Segen gefunden wird miteinander und füreinander, wo immer Menschen sich begegnen oder begleiten,
lasst uns gemeinsam zu Gott bitten: *HERR, erbarme dich!*
Lasst uns GOTT um Geduld bitten für die Hoffnung, dass Leiden, Angst oder Trauer die Seele nicht verzweifeln lassen, sondern sie trotzdem Vertrauen behält auf künftiges Leben und Glück von Gott
lasst uns gemeinsam zu Gott bitten: *HERR, erbarme dich!*

5. Biblisches Umdenken für Kinder

Anspiel: Wunderbarer Fischfang (nach Lk 5)
(zum Kinder-Treff am 29.01.11)

PERSONEN: Fischer Simon, seine Schwester Fischerin Andrea, Fischer Jakobus, seine Schwester Fischerin Johanna, und natürlich Jesus, der wortgewaltige und wundertätige.
Requisiten: Fischerhäuschen (aus Krippenspiel) am Strand, Fischnetz zum Trocknen, Reparieren, dann zum Fangen, Fischerboot (2 Stühle mit Rollen, mit Schiffsrumpf), Kochtopf (für Andrea), Einkaufskorb (für Johanna), Wanderstab (für Jesus). Diverse Mützen, Hüte, Kopftücher, Umhänge.

1. Die Stunde der Enttäuschung
(Jakobus und Simon am Strand reparieren das Netz und trocknen es)
Jakobus: Wieder mal die ganze Nacht auf dem See hin und her,
und nichts gefangen, nicht einen Fisch!
Eh, Simmy, ist der See uns böse oder sind wir nur blöde?

Simon: Jakky, spiel nicht verrückt!
Wir sind nicht blöde, der See ist nicht böse!
Wahrscheinlich war das Wetter schuld:
Sternklar, Vollmondlicht, da sehen uns die Fische und reißen aus.

Jakobus: So, so, das Wetter also! Trotzdem: ich bin kaputt und traurig.
Ich hab keine Lust mehr, mit dem Boot rauszufahren und zu rackern,
heute nicht, morgen nicht, nie und nimmer …

Simon: Ach Jakky, mir reicht´s auch, heute jedenfalls:
… nur noch schlafen - nichts mehr hören und sehen!

(Andrea öffnet Fenster und ruft aus der Hütte heraus)

Andrea: (winkt mit dem Kochtopf, schlägt mit der Kelle drauf – Krach, Geschrei)
Hallo, Simmy, Brüderchen, wo bleiben die Fische?
Ich will Fischsuppe kochen. Wir haben Hunger.

Simon: (leise zu Jakobus, dann laut in Richtung seiner Schwester Andrea)
Jakky, das fehlt mir noch! Nun macht Andrea auch noch Krach.
Hallo, Andrea, tut mir leid, heute ist nichts los, nichts gefangen!
Mach die Sparbüchse auf und kauf wenigstens Brot. Mehr ist nicht!

(Andrea knallt enttäuscht die Fenster zu, dann öffnet Johanna wieder, winkt mit dem Korb und ruft)

Johanna: Hallo, Jakky, das darf doch nicht wahr sein!
Ihr hattet die ganze Nacht Zeit, Fische zu fangen.
Wenigstens hättet ihr etwas angeln können!
Ich will auf dem Markt Fische verkaufen.
Dann kann ich Hemden und Hosen kaufen!
Die alten sehen nicht mehr schön aus.

Jakobus: Hallo, Hannilein, daraus wird nichts! Wir haben heute nichts!

alle vier: (Schwestern mit am Strand)
Oh weh, oh weh, ach nee, ach nee!
Nach Müh´und Plag´ doch kein Ertrag.
Jetzt und auf Dauer: Tränen und Trauer!

2. Mutige Momente

(Auftritt von Jesus während des Klageliedes, kommt näher)

Jesus: Hallo Leute, das klingt aber traurig. Und ihr seht traurig aus. Is was?

Simon: Was soll schon sein? Nichts is! Kein Fisch! Kein Geld! Kein Glück!!!

Jesus: Na, zum Glück bin ich ja jetzt da. Glaubt mir, alles wird gut!
Nehmt das Fischnetz, fahrt mit dem Boot hinaus,
werft das Netz mitten ins tiefste Wasser, holt euch den Superfang!

Jakobus: Oh je, wieder mal so ein Tourist, der von Arbeit keine Ahnung hat!
Jetzt am heller lichten Tag, mitten im See, wo er ganz tief ist:
Das lohnt nicht! Das ist verrückt! Das lernen die Lehrlinge im 1. Jahr:
FINADeK – „Fischfang immer nachts an der Küste"!!!

Johanna: Jakky, du bist richtig frech, wenn du müde und ärgerlich bist.
Es käme auf einen Versuch an. Vielleicht ist dieser Mann
ein wunderbarer „Tagfischer"? Wie heißt er doch gleich???

Andrea: Er heißt „Jesus von Nazareth". Siehst du nicht sein Namensschild?
Das trägt er wie andere Wandermissionare und Reiseprediger auch.

Simon: Ich finde, Johanna hat recht. Ein Versuch kann ja nicht schaden.
Also ..(blickt angestrengt auf das Namensschild) Herr Jesus von Nazareth,
wie hatten Sie uns geraten?

Jesus: „Nehmt das Fischnetz, fahrt mit dem Boot hinaus,
werft das Netz mitten ins tiefste Wasser, holt euch den Superfang!"

Simon: Dein Wort in Gottes Ohr.
Und wenn das wirklich passt, will ich „Petrus" heißen.

alle vier: Auf zur Natur: Glück findet nur,
wer etwas tut mit neuem Mut!
Jetzt ran und dran, wie jeder kann!

3. Wunderbare Erfolge

(Simon und Jakobus im Boot mitten auf dem See, sie singen)

„Jetzt fahrn wir übern See, übern See, jetzt fahrn wir übern See …"

Jakobus: So jetzt schnell das Netz in den See, dann wieder einholen und
--- schnell zurück. Mit leerem Netz und leerem Boot geht das nur so!

Simon: Von wegen „schnell“! Hilf mal, das ist sauschwer, fisch-schwer!

Jakobus: Ich wird´ verrückt! Die vielen Fische!!! Das reicht für 10 Tage satt.

(beide rudern unter Staunen und Stöhnen zurück, langsam, mühsam, überglücklich)

Johanna: Sieh nur Andrea, sie kommen zurück, schwer beladen, überglücklich!

Andrea: Na so was, das reinste Wunder! Am heller lichten Tag!

Simon: Hallo - Johanna, Andrea, helft mal, das schaffen wir beide nicht!

Jakobus: Also, dieser Jesus – der reinste „Mutmacher“ und Glücksbringer!

alle vier: Hallo, Hurra, wie wunderbar!
Wir sind zurück mit neuem Glück.
Mit Gottes Kraft ist es geschafft.

Anspiel: TURMBAU zu Babel (1. Mose 11)

(zum Kinder-Treff am 09. 10. 10)

ABEL, BABEL, RABABEL und ARABELLA aus vier Ecken auf die Mitte zu, dort Haufen Kartons zum Turmbau

1. Akt: Bau-Beginn

ABEL: Hallo! Haaallooo! Frisch ans Werk und froh!
Ihr drei – seid ihr mit dabei?
Nicht verstecken in den Ecken! Kommt, wir laufen zu diesem Haufen!
>>>*(alle laufen nach innen)*
Dieses Durcheinander - macht doch miteinander ein „Turm“ aufeinander!!!
(macht eine Geste dazu)

BABEL: Schrei doch nicht so! Ich hör auch so!
Ich will mit den vielen gerne etwas spielen.
Bau´n wir miteinander ein „Wurm“ aneinander!!!
(nimmt einen Karton, setzt einen zweiten an, schiebt beide im Kreis)

RABABEL: Ach, wie schön wird das geh´n, wenn wir weh´n
als „Sturm" durcheinander!
(nimmt einen Karton auf und läuft schnell herum, durcheinander)

ARABELLA: Ey! Ey! Juhuu! Hört euch doch mal zu!
(winkt den beiden zu)
Überlegt in Ruh!
„Turm" ist doch kein „Wurm", und schon gar nicht „Sturm"!
Wenn etwas gelingen sollt – müsst ihr wissen, was ihr wollt!
Bauen wir doch miteinander einen „Turm" hier aufeinander!
Abel zeigt uns, wie es geht: hoch und fest der Turm dann steht.
(zeigt zu Abel, deutet in die Höhe)

2. Akt: Bau-Probleme

RABABEL: Schade, „Turm" statt „Sturm!"
Ich bin aber immer überall Bestimmer!
(Angeber-Geste)
Mein Stein, soll der erste sein!
(legt seinen Stein vor sich hin)

BABEL:
(schiebt seine zwei Steine daneben)
Rababel, Nein! Nicht dein Stein! Meine beiden solln es sein!

(versucht, dem Rababel seinen Stein wegzunehmen und auf seine draufzusetzen,

Rababel nimmt ihn wieder weg, beide bedrohen und schubsen sich))

ABEL: Rababel und Babel! Haltet euren Schnabel!
Jeder Bauarbeiter kennt: unten großes Fundament.

ARABELLA: (winkt den beiden Streitern zu)

Abel hat ganz recht! Streit macht alles schlecht!

ABEL:(will alle um sich versammeln und deutet Umfang des Fundaments an)

Im Geviert mit vier Steinen bauen wir

eine erste Lage! Also, keine Frage!

>>> (alle tragen vier Steine zusammen *und fügen ein Fundament,*

Arabella fröhlich miteinander, Babel und Rababel murrend, stöhnend, missmutig)

3. Akt: Bau-Streit

ARABELLA:

Nun die zweite Schicht quer, sonst hält es nicht.

RABABEL:

Quatsch, hochkant geschwind, weiß doch jedes Kind!

(baut schnell 4 hochkant drauf)

BABEL:

Warum vier, wenn einer schneller geht: allein er

(räumt drei weg, setzt einen in die Mitte.

Rababel greift Babel an, beide boxen)

ARABELLA:

(zeigt auf Babel und Rababel)

Abel, sieh doch: diese Ochsen! Die bauen nicht – die boxen!

RABABEL:

(wütend zu Arabella)

Du denkst, du bist die beste da: Arabella??? – Arablöda!!!

ABEL:

Was ist nur los? Ich bin der Boss!

Hic et nunc cum pace quando: Alles hört auf mein Kommando!

(baut energisch auf die vier senkrecht nun zwei längs und dann zwei quer)

4. Akt: Bau-Katastrophe

ABEL:

(zeigt zu Arabella freundlich:)

Bring mir zwei, ich bitt dich sehr!

>*(Arabella bringt zwei Kartonsteine)(zeigt zu Rababel streng:)*

Marsch! Ein Stein für oben quer!

RABABEL:

(zeigt Abel einen „Vogel“, Zunge?)

Ich bin doch nicht dein „Sklave“! Ich fürchte keine Strafe!

(geht weg in seine Ecke, bockig)

ARABELLA:

(wütend, ruft Rababel singend spöttisch hinterher:)

Rababel – Milch und Mehl! Geh nur weg und keinem fehl!

(schmeichlerisch zu Abel:)

Du bist klug – ich bin schlau! Schnell gelingt der Turmaufbau!

BABEL:

(nun plötzlich als Freund von Rababel)

Ohne meinen Freund Rababel fühle ich mich miserabel.

Keine Lust mehr! Ich geh fort! Euer blöder Turmbau-Sport!

(geht weg in seine Ecke, bockig)

ABEL:

(enttäuscht zu Arabella:)

Lass es sein, nur wir zu zwein,

macht kein Spaß, wir lassen das!

Anspiel: Jesus vor Kaiphas - von Feinden angeklagt, von Freunden verteidigt

(zum Kinder-Treff am 13.03.2010)

Hohepriester Kaiphas; Rabbi Rabiatus; Bankdirektor Monetus; geheilte Landfrau Hella; Ratsherr Nikodemus.

> Kaiphas auf Thron, vor ihm ein Tisch (zum Beweismittel vorlegen)

Rabiatus *(schnelles Auftreten, fast atemlos)*:

Hochwürdigster Herr Hohepriester! Schnell, schnell,

ein ganz gefährlicher Mann ist hier in Jerusalem eingetroffen:

… auf einem Esel ist er in die Stadt geritten, … und gejubelt haben sie!!!,

geschrien: Hosianna, Hosianna ...!!!

der neue König! endlich ein guter König!! HILFS UNS! BEFREI UNS!

>>> Ein ganz gefährlicher Terrorist!... *(wird unterbrochen)*

Monetus *(gleich hinterher, allerdings fett und selbstgefällig)*:

Hallo, Kumpel Kaiphas! Ach, ich sehe, du hast gerade zu tun.

Trotzdem, ich muss dir was Wichtiges sagen, gleich!

Schick doch mal diesen Zwerg da raus!

Kaiphas *(hat bisher nur überrascht und dann entsetzt dem Rabiatus zugehört, wendet sich Monetus zu)*:

Hej, Kumpel Monetus, mal langsam!

Hier, das ist Rabbi Rabiatus mit einer Alarmmeldung:

ein Terrorist in Jerusalem, schon wieder mal, und diesmal kreuzgefährlich!

Das wird dich auch interessieren!

Monetus *(wendet sich Rabiatus erstaunt zu)*:

Waaass? Ein Terrorist in der Stadt, ein „Möchtegernkönig".

Wie sieht er denn aus?

Rabiatus *(war erst beleidigt, fühlt sich nun aber wichtig und legt los)*:

also: groß ist er, lange Haare, ein Weihnachtsmann-Bart,

dauernd mit einem lieben-fröhlichen Lächeln,

meist mit einem langen Mantel …

Monetus *(nun auch aufgeregt)*: Oh weh!!! Den habe ich schon gesehen!

Deswegen komme ich ja! Dieser Möchtegernkönig Hosianna,

der war bei mir im Tempel, wo meine Tische mit dem Wechselgeld stehen.

Da ist er aufgetaucht, hat rumgeschrien:

Raus mit den Geschäften und Händlern! Macht den Tempelplatz frei!

Alle Tische hat er umgestoßen, die Händler verjagt,

alle Geschäftsleute rausgeschmissen.

Und mein ganzes Geld fiel auf den Platz.

Da haben es viele aufgesammelt und sind weggelaufen.

>Mein schööönes Geld! Ich bin ruiniert!

Kaiphas, du musst etwas unternehmen! Jage diesen Randalierer weg!

Besser noch: verhafte ihn, sperr ihn ein.

Am besten: umbringen, diesen Terroristen! Da ist dann Ruhe!

Kaiphas *(blickt über Monetus hinweg auf den gerade hereinkommenden Nikodemus)*:

Ach, der Ratsherr Herr Nikodemus persönlich!

Tut mir leid, im Augenblick bin ich beschäftigt.

Sie sehen ja: Bankdirektor Monetus, und ein Rabbiner, Rabbi Rabiatus.

Sie bringen schreckliche Nachrichten von einem Terroristen.

Im Tempel hat er alle Geschäftsleute und Geldwechsel hinausgejagt.

Hier, mein Freund Monetus, er hat viel Geld verloren.

Und dieser Rabbi Rabiatus war dabei,

wie er auf einem Esel in Jerusalem hineingeritten ist.

… als neuer König, mit Halleluja und Hosianna!

Nikodemus: Ach so! Mein lieber Herr Hohepriester Kaiphas!

Nichts für ungut, aber diese beiden müssen etwas missverstanden haben.

Ich habe diesen Mann selbst kennengelernt,
schon vor einiger Zeit – da haben wir uns eine halbe Nacht lang unterhalten.
„Jesus“ – heißt er, von Nazareth. Und ein Terrorist ist er überhaupt nicht.
Er erzählt schöne Geschichten von Gott, von seiner Liebe.
Jesus selbst ist auch ganz lieb und freundlich.
Im Tempel: da ist er bestimmt ganz schlimm geärgert worden.

Monetus: Also, Herr Ratsherr Nikodemus, ihr „lieber Herr Jesus“,
er hat richtigen Ärger gemacht! Und einen Riesen-Schaden angerichtet!

Rabiatus: Und das ist bestimmt erst der Anfang.
Der will der neue Hosianna-König sein!
Mit seinen Räubern, da wird er bestimmt die Schatzkammern aufbrechen.
Und die Burg Antonia mit dem Goldschatz angreifen.
Das gibt Krieg, Bürgerkrieg.
Und der Statthalten Pontius Pilatus wird die ganze Stadt abbrennen.

Kaiphas: Na, na, noch ist Jerusalem nicht verloren!!! Nur ganz mit der Ruhe!
Ich glaube, wir können diesen Jesus erst mal verhaften und verhören.
Dann werden wir ja sehen.
Auf jeden Fall werden wir Pontius Pilatus Bescheid sagen.
Er weiß dann, wir haben alles im Griff:
Kein neuer König, kein Aufstand,
und im Tempel wieder die üblichen Geldgeschäfte und der Handel.
Mein lieber Monetus, du wirst den Verlust heute verkraften.
Den Jesus, den kannst du vergessen …

Nikodemus: Aber, aber, lieber Herr Hoherpriester Kaiphas,
das ist doch alles ein furchtbares Missverständnis.
Jesus wie ein Hosianna-König – das ist doch nur gut gemeint.
Als „König der Herzen“ – so haben sie ihm zugejubelt – eben ein Held.
Der wird schön predigen und Wunder tun! Mehr nicht!

Monetus: Das höre ich mir nicht länger an!
Nikodemus – sie sind ein Jesus-Fan!
Wachen Sie auf! Kommen Sie zur Besinnung! Mir reichts!!!
Rabiatus, wir gehen!

Und wenn uns hier Kaiphas nicht hilft,
dann gehen wir eben von Pontius zu Pilatus!

(Monetus und Rabiatus gehen ab)

Nikodemus: Lieber Herr Hoherpriester Kaiphas! Behalten Sie die Nerven!
Jesus – König der Herzen, warum nicht ein wenig mehr Freude und Liebe!
Ach ja, und Wunder kann er wirklich tun!
Draußen vor dem Palast habe ich vorhin eine Frau getroffen,
die hat er geheilt, richtig geheilt.!!!
Schauen Sie! Sprechen Sie mit ihr! Ich hole sie herein.

(Nikodemus geht kurz weg)

Kaiphas: Was für ein Tag! Die einen ganz entsetzt, der andere ganz begeistert.
Mein alter Freund Monetus, der möchte den Jesus am liebsten erwürgen.
Und der kleine Rabbi Rabiatus,
der hat bestimmt genau hingesehen und hingehört: Hosianna-König!
Wenn das der Statthalter Pontius Pilatus hört, schlägt der gleich Alarm!
Da verliere ich meinen schönen Posten und der Tempel geht kaputt…

(Nikodemus kommt mit Hella herein)

(zu Hella): Nur Mut, der Herr Hohepriester Kaiphas ist neugierig.
Er will sehen, ob du geheilt bist - durch ein Wunder von Jesus.

Hella: Ach ihr edlen und himmelhoch vornehmen Herren!
Was soll ich sagen?
Ja, mein rechtes Bein war gelähmt.
Drei Jahre lang. Damals hatte ich mich zu Tode erschrocken,
und plötzlich konnte ich nicht mehr gehen, nur so am Stock.
Und da kommt dieser Jesus an meinem Haus vorbei,
sieht mich auf der Gartenbank traurig sitzen,
und ruft mir zu: He, gute Frau, nicht so traurig! Was fehlt denn?
Ich wollte erst nicht, dann habe ich es doch gesagt:
Hier, mein Bein, ich kann vor lauter Kummer nicht mehr laufen.
Und er, winkt mich zu sich, gibt mir die Hand, schaut mir in die Augen
und sagt dann ganz lieb: Nur Mut, Gott hilft, wenn er will. Vertrau ihm!

Da fiel mir der Stock aus der Hand

und ich konnte plötzlich wieder auf beiden Beinen stehen,

laufen, jetzt schon wieder springen…

Kaiphas: Merkwürdig, klingt richtig gut.

Nun geh mal wieder, gute Frau, Danke Gott und spende ein Dankopfer!

Geh mit Gott. Amen.

Nikodemus *(zu Hella)*: Kommen Sie, ich begleite Sie und zeige Ihnen den Tempel.

(zu Kaiphas): So ist das eben, lieber Herr Hohepriester Kaiphas.

Alles klärt sich. Jesus ist ein guter Mann. Kein Grund zur Sorge!

(Nikodemus und Hella ziehen ab)

Kaiphas: Was mach ich nur: Der Ratsherr Nikodemus ist von Jesus begeistert.

Und diese geheilte Frau findet Jesus natürlich wunderbar.

Aber mein Freund Monetus, die Geschäfte im Tempel,

wenn das gestört wird, fehlt uns bald das Geld.

Der kleine Rabbi sieht es noch gefährlicher:

Als Hosianna-König der Herzen, das kann doch einen Aufstand geben.

Ich glaube, wir müssen Jesus ganz schnell entfernen.

Kurzer Prozess: Abschiebung oder ein Unfall, ein kleiner Überfall…

Und wenn es nicht anders geht, dann kurzer Prozess.

Pilatus lässt Terroristen gern kreuzigen – warum nicht???

(Kaiphas erhebt sich und geht schulterzuckend, abwinkend weg).

Printed by Books on Demand GmbH, Norderstedt / Germany